다락원 일본어 독해

중급

머리말

　本書は、これから上級に進むことを目指す中級学習者を対象にした総合型読解用教科書です。この教科書では、読むことに加え、本文の中で新しい文型や語彙・慣用句を学び、書く練習や聞く練習を通してそれを身につけることを目指しています。

　各課のトピックには、SNSやソーシャルコマースといった身近なものから、東日本大震災のような時事的なテーマ、アニメと町おこし、モンスターペアレント、裁判員制度など、学習者自身の関心を引くために幅広いテーマを取り入れました。課の配列は基本的に、身近なテーマからより社会的・一般的なテーマへと並べてありますが、どの課から進めても構いません。授業の目的やカリキュラムに合わせて、自由に使ってください。

　課の構成は、導入部（課のタイトル・説明・新出文型一覧）、本文、読解問題、本文中の単語や表現一覧、文型ノート（説明・例文・単語や表現）、文法練習問題、会話文の聴解問題となっています。文型説明や単語説明には韓国語での説明や対訳が付いていますので、学習の参考にしてください。会話文は友人や同僚同士での会話を想定しています。くだけた表現を使った会話文の中で、本文で学んだ語彙や慣用句がどのように使われるかを学ぶことが出来るよう配慮しました。

　本文や練習問題の文型は、日本語能力検定（JLPT）N2とN1のものを採用しました。難しい漢字には読みがなが付いていますが、文字の下にルビを振っているので、それを隠しながら読むことで漢字の練習もできます。

　楽しみながら学習することが出来るよう、様々な工夫の詰まった一冊です。この教科書が韓国の学習者たちの日本語学習、そして日本語教育にとっての一助となることを願います。

　最後に、本書の編集・出版にあたりご尽力いただいた多楽園の皆様に心より感謝申し上げます。

2012年2月

著者一同

본 교재는 앞으로 상급으로 나아가는 것을 목표로 한 학습자 대상의 종합형 독해 교재입니다. 이 교재에서는 읽는 것에 더하여, 본문 안에서 새로운 문형이나 어휘·관용구를 공부하고, 쓰기 연습이나 듣기 연습을 통해 그것을 익히는 것을 목적으로 하고 있습니다.

각 과의 토픽에는 SNS나 소셜커머스와 같은 우리 생활에 가까운 주제부터, 동일본 대지진과 같은 시사적 테마, 애니메이션과 마을 살리기, 몬스터 페어런트, 재판원제도 등 학습자 자신의 관심을 끌기 위해서 폭넓은 테마를 도입하였습니다. 과의 배열은 기본적으로 우리 생활과 가까운 테마부터 보다 사회적이고 일반적인 테마로 나열되어 있습니다만, 어느 과부터 시작해도 상관없습니다. 수업의 목적이나 커리큘럼에 맞추어 자유롭게 사용해 주세요.

과의 구성은 도입부(과의 표제·설명·주요문형), 본문, 독해문제, 본문 안의 단어나 표현 일람, 문형노트(설명·예문·단어나 표현), 문법 연습문제, 회화문(청해문제)으로 되어 있습니다. 문형 설명이나 단어설명에는 한국어로 된 설명이나 대역이 달려 있으니, 학습할 때 참고로 해 주세요. 회화문은 친구나 동료끼리의 대화로 상정되어 있습니다. 허물없는 사이에서 쓰는 표현을 사용한 회화문 속에서, 본문에서 배운 어휘나 관용구가 어떻게 어떻게 쓰이는지 배울 수 있도록 배려해 놓았습니다.

본문이나 연습문제의 문형은 일본어능력시험(JLPT) N2와 N1에서 채용했습니다. 어려운 한자에는 읽는 법이 달려 있지만, 글자 아래에 달아 놓았기 때문에, 그것을 가리면서 읽음으로써 한자 연습도 가능합니다.

즐기면서 학습할 수 있도록 다양한 연구가 집약된 교재입니다. 이 교재가 한국 학습자들의 일본어 학습, 그리고 일본어 교육에 있어서 일조가 되기를 바랍니다.

마지막으로 본 교재의 편집·출판에 있어서 힘써 주신 다락원의 관계자 여러분께 진심으로 감사 드립니다.

2012년 2월

저자 일동

차례

1 日本の国技 일본의 국기 8
　주요문형 | ～というと / ～にあたって / ～であろうと / ～いかんでは

2 SNS 소셜 네트워킹 서비스 18
　주요문형 | ～にかかわらず / ～を契機に / ～つつ / ～にほかならない

3 ソーシャルコマース 소셜 커머스 28
　주요문형 | ～ではあるまいか / ～とは / ～あっての / ～に相違ない

4 男性語と女性語 남성어와 여성어 38
　주요문형 | ～ならでは / ～きらいがある / ～上で / ～ことだ

5 アニメと町おこし 애니메이션과 마을 살리기 48
　주요문형 | ～や否や / ～を皮切りとして / ～とあれば / ～といったらない

6 フリーター 프리터 58
　주요문형 | ～と相まって / ～を余儀なくされる / ～にもまして / ～はさておき

7 国際結婚 국제결혼 68
　주요문형 | ～をめぐる / ～とはいえ / ～どころか / ～次第で

8 モンスターペアレント 몬스터 페어런트 78
　주요문형 | ～がたい / ～ずにはいられない / ～といい～といい / ～てほしいものだ

9	樋口一葉 히구치 이치요	88

주요문형 | 〜ようにも〜ない / 〜たら最後 / 〜ことか / 〜ことなく

10	ことわざ 속담	98

주요문형 | 〜まい / 〜ようが〜まいが・〜ようと〜まいと / 〜ことに(は) / 〜きり

11	ストーカー 스토커	108

주요문형 | 〜あまり(に) / 〜極まる・〜極まりない / 〜であれ〜であれ / 〜たところで

12	東日本大震災 동일본 대지진	118

주요문형 | 〜に至る / 〜ですら / 〜てからというもの(は) / 〜なり

13	国際協力 국제협력	128

주요문형 | 〜に応じて・〜に応じた / 〜っぱなし / 〜にとどまらず / 〜以上

14	異常気象 이상 기상	138

주요문형 | 〜かのように / 〜とはいうものの / 〜ないことには / 〜ずにはすまない

15	裁判員制度 재판원제도	148

주요문형 | 〜べく / 〜といえども / 〜かたわら / 〜かねない

부록 159

독해문제 모범답 / 연습문제 정답 / 회화 괄호 넣기 정답

이 책의 구성과 학습 방법

「다락원 일본어 독해 –중급–」은 총 15과로 구성되어 있으며, 각 과에는 주요문형/본문/독해문제/문형연습/연습문제/회화로 이루어져 있습니다.

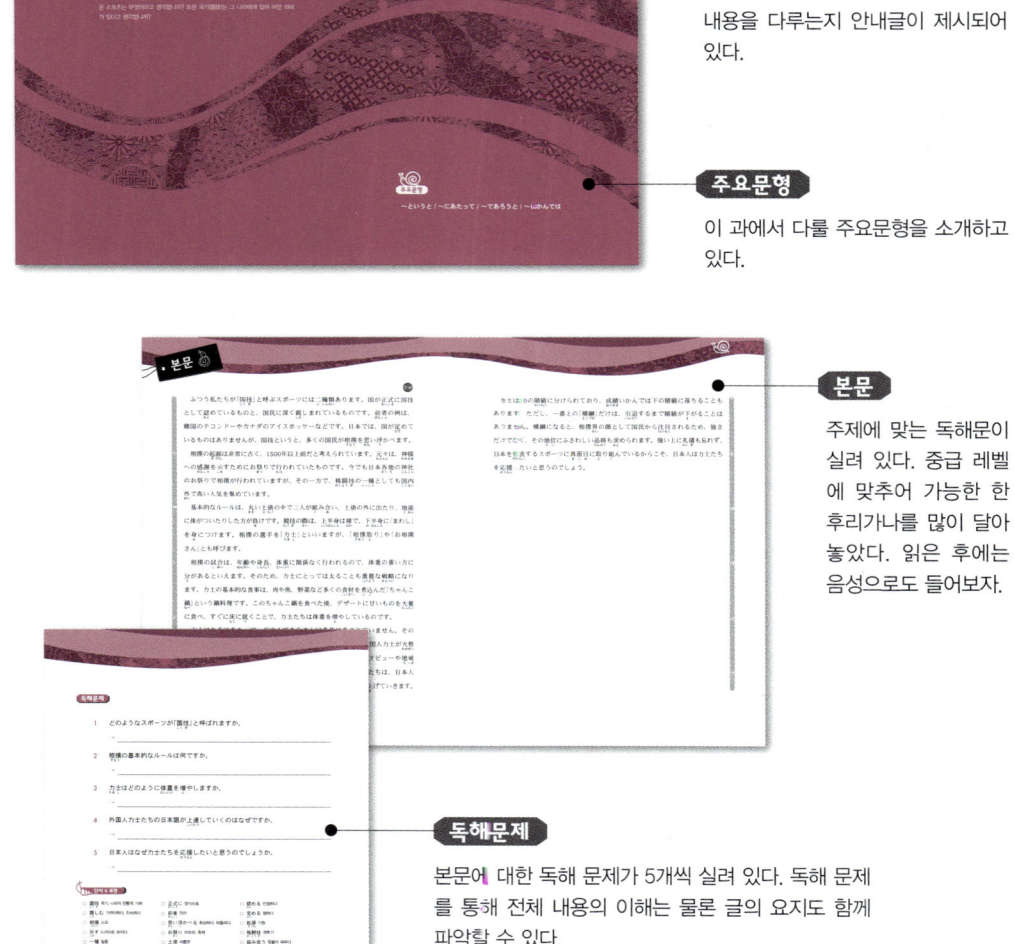

도입
이 과의 제목과 함께 이 과에서 어떤 내용을 다루는지 안내글이 제시되어 있다.

주요문형
이 과에서 다룰 주요문형을 소개하고 있다.

본문
주제에 맞는 독해문이 실려 있다. 중급 레벨에 맞추어 가능한 한 후리가나를 많이 달아 놓았다. 읽은 후에는 음성으로도 들어보자.

독해문제
본문에 대한 독해 문제가 5개씩 실려 있다. 독해 문제를 통해 전체 내용의 이해는 물론 글의 요지도 함께 파악할 수 있다.

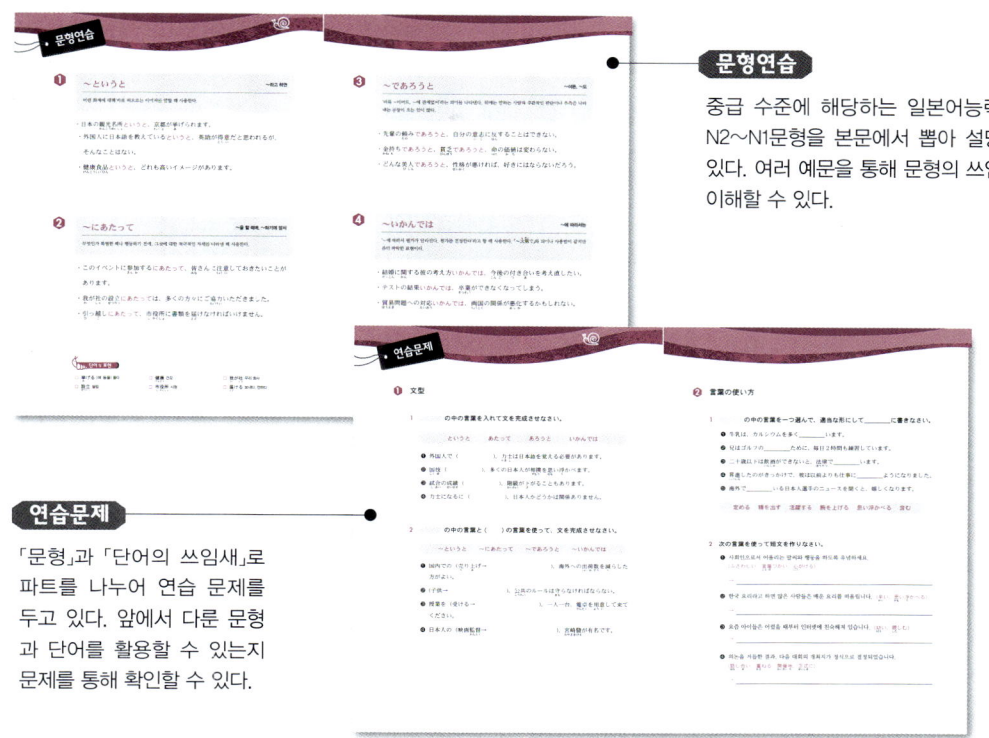

문형연습

중급 수준에 해당하는 일본어능력시험 N2~N1문형을 본문에서 뽑아 설명하고 있다. 여러 예문을 통해 문형의 쓰임새를 이해할 수 있다.

연습문제

「문형」과 「단어의 쓰임새」로 파트를 나누어 연습 문제를 두고 있다. 앞에서 다룬 문형과 단어를 활용할 수 있는지 문제를 통해 확인할 수 있다.

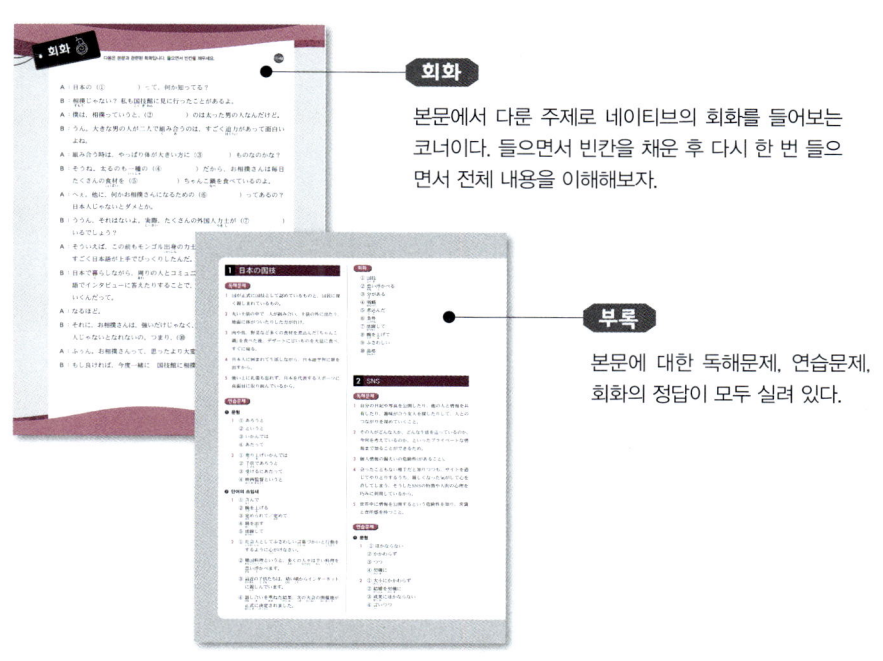

회화

본문에서 다룬 주제로 네이티브의 회화를 들어보는 코너이다. 들으면서 빈칸을 채운 후 다시 한 번 들으면서 전체 내용을 이해해보자.

부록

본문에 대한 독해문제, 연습문제, 회화의 정답이 모두 실려 있다.

① 日本の国技
にほん こくぎ

일본의 국기

세계 각국의 국기(國技)에는 어떠한 스포츠가 있습니까? 일본에서 옛날부터 가까이 해 온 스포츠는 무엇이라고 생각합니까? 또한 국기(國技)는 그 나라에게 있어 어떤 의미가 있다고 생각합니까?

주요문형

~というと / ~にあたって / ~であろうと / ~いかんでは

本文

　ふつう私たちが「国技」と呼ぶスポーツには二種類あります。国が正式に国技として認めているものと、国民に深く親しまれているものです。前者の例は、韓国のテコンドーやカナダのアイスホッケーなどです。日本では、国が定めているものはありませんが、国技というと、多くの国民が相撲を思い浮かべます。

　相撲の起源は非常に古く、1500年以上前だと考えられています。元々は、神様への感謝を示すためにお祭りで行われていたものです。今でも日本各地の神社のお祭りで相撲が行われていますが、その一方で、格闘技の一種としても国内外で高い人気を集めています。

　基本的なルールは、丸い土俵の中で二人が組み合い、土俵の外に出たり、地面に体がついたりした方が負けです。競技の際は、上半身は裸で、下半身に「まわし」を身につけます。相撲の選手を「力士」といいますが、「相撲取り」や「お相撲さん」とも呼びます。

　相撲の試合は、年齢や身長、体重に関係なく行われるので、体重の重い方に分があるといえます。そのため、力士にとっては太ることも重要な戦略になります。力士の基本的な食事は、肉や魚、野菜など多くの食材を煮込んだ「ちゃんこ鍋」という鍋料理です。このちゃんこ鍋を食べた後、デザートに甘いものを大量に食べ、すぐに床に就くことで、力士たちは体重を増やしているのです。

　力士になるにあたって、日本人であることは条件に含まれていません。そのため、ハワイ、モンゴル、ヨーロッパ諸国など、出身も様々な外国人力士が大勢活躍しています。ただし、外国人であろうと、日本語でのインタビューや地域の人との交流のためには日本語を覚える必要があります。力士たちは、日本人に囲まれて生活しながら日本語学習にも精を出し、どんどん腕を上げていきます。

力士は10の階級に分けられており、成績いかんでは下の階級に落ちることもあります。ただし、一番上の「横綱」だけは、引退するまで階級が下がることはありません。横綱になると、相撲界の顔として国民から注目されるため、強さだけでなく、その地位にふさわしい品格も求められます。強い上に礼儀も忘れず、日本を代表するスポーツに真面目に取り組んでいるからこそ、日本人は力士たちを応援したいと思うのでしょう。

독해문제

1 どのようなスポーツが「国技(こくぎ)」と呼ばれますか。

→ _____

2 相撲(すもう)の基本的なルールは何ですか。

→ _____

3 力士(りきし)はどのように体重(たいじゅう)を増(ふ)やしますか。

→ _____

4 外国人力士たちの日本語が上達(じょうたつ)していくのはなぜですか。

→ _____

5 日本人はなぜ力士たちを応援(おうえん)したいと思うのでしょうか。

→ _____

단어 및 표현

- 国技(こくぎ) 국기, 나라의 전통적 기예
- 親しむ(した) 가까이하다, 친숙하다
- 相撲(すもう) 스모
- 示す(しめ) 나타내다, 보이다
- 一種(いっしゅ) 일종
- 負け(ま) 짐, 패배
- 下半身(かはんしん) 하반신
- 分がある(ぶ) 승산이 있다
- ちゃんこ鍋(なべ) 씨름꾼이 먹는 냄비 요리
- 条件(じょうけん) 조건
- 大勢(おおぜい) 많이, 많은 사람
- 囲む(かこ) 둘러싸다
- 階級(かいきゅう) 계급
- ふさわしい 어울리다

- 正式に(せいしき) 정식으로
- 前者(ぜんしゃ) 전자
- 思い浮かべる(おも う) 회상하다, 떠올리다
- お祭り(まつ) 마츠리, 축제
- 土俵(どひょう) 씨름판
- 上半身(じょうはんしん) 상반신
- まわし 샅바 구실을 하는 씨름꾼의 옷
- 戦略(せんりゃく) 전략
- 床に就く(とこ つ) 잠자리에 들다
- 含む(ふく) 포함하다
- 活躍する(かつやく) 활약하다
- 精を出す(せい だ) 힘내다, 열심히 힘쓰다
- 横綱(よこづな) 요코즈나(스모에서 최고의 지위)
- 品格(ひんかく) 품격

- 認める(みと) 인정하다
- 定める(さだ) 정하다
- 起源(きげん) 기원
- 格闘技(かくとうぎ) 격투기
- 組み合う(く あ) 맞붙어 싸우다
- 裸(はだか) 알몸, 맨몸
- 力士(りきし) 씨름꾼, 씨름 선수(=相撲取(すもうと)り)
- 煮込む(にこ) 푹 끓이다
- 増やす(ふ) 늘리다
- 諸国(しょこく) 여러 나라
- 地域(ちいき) 지역
- 腕を上げる(うで あ) 실력을 높이다
- 引退する(いんたい) 은퇴하다
- 取り組む(と く) 대응하다, 몰두하다

문형연습

❶ ～というと　　　　　　　　　　　　　　　　　　　　～라고 하면

어떤 화제에 대해 바로 떠오르는 이미지를 말할 때 사용한다.

・日本の観光名所というと、京都が挙げられます。
・外国人に日本語を教えているというと、英語が得意だと思われるが、そんなことはない。
・健康食品というと、どれも高いイメージがあります。

❷ ～にあたって　　　　　　　　　　　　　　　　～을 할 때에, ～하기에 앞서

무엇인가 특별한 때나 행동하기 전에, 그것에 대한 적극적인 자세를 나타낼 때 사용한다.

・このイベントに参加するにあたって、皆さんに注意しておきたいことがあります。
・我が社の設立にあたっては、多くの方々にご協力いただきました。
・引っ越しにあたって、市役所に書類を届けなければいけません。

- □ 挙げる (예 등을) 들다
- □ 設立 설립
- □ 健康 건강
- □ 市役所 시청
- □ 我が社 우리 회사
- □ 届ける 보내다, 전하다

❸ ～であろうと　　　　　　　　　　　　　　　　　　　　　　　～이든, ～도

'비록 ～이어도, ～에 관계없이'라는 의미를 나타낸다. 뒤에는 말하는 사람의 주관적인 판단이나 추측을 나타내는 문장이 오는 일이 많다.

- 先輩の頼みであろうと、自分の意志に反することはできない。
- 金持ちであろうと、貧乏であろうと、命の価値は変わらない。
- どんな美人であろうと、性格が悪ければ、好きにはならないだろう。

❹ ～いかんでは　　　　　　　　　　　　　　　　　　　　　　　～에 따라서는

'～에 따라서 뭔가가 달라진다, 뭔가를 결정한다'라고 할 때 사용한다. 「～次第で」와 의미나 사용법이 같지만 좀더 딱딱한 표현이다.

- 結婚に関する彼の考え方いかんでは、今後の付き合いを考え直したい。
- テストの結果いかんでは、卒業ができなくなってしまう。
- 貿易問題への対応いかんでは、両国の関係が悪化するかもしれない。

 단어 및 표현

- 反する 반하다
- 貧乏 가난, 가난뱅이
- 価値 가치
- 付き合い 사귐, 교제
- 貿易 무역
- 悪化する 악화되다

연습문제

① 文型

1 ＿＿＿の中の言葉を入れて文を完成させなさい。

　　　というと　　　あたって　　　あろうと　　　いかんでは

　❶ 外国人で（　　　　　）、力士は日本語を覚える必要があります。
　❷ 国技（　　　　　）、多くの日本人が相撲を思い浮かべます。
　❸ 試合の成績（　　　　　）、階級が下がることもあります。
　❹ 力士になるに（　　　　　）、日本人かどうかは関係ありません。

2 ＿＿＿の中の言葉と（　）の言葉を使って、文を完成させなさい。

　　　～というと　　～にあたって　　～であろうと　　～いかんでは

　❶ 国内での（売り上げ→　　　　　　　　）、海外への出荷数を減らした方がよい。
　❷ （子供→　　　　　　　　）、公共のルールは守らなければならない。
　❸ 授業を（受ける→　　　　　　　　）、一人一台、電卓を用意して来てください。
　❹ 日本人の（映画監督→　　　　　　　　）、宮崎駿が有名です。

2 言葉の使い方

1 ＿＿＿の中の言葉を一つ選んで、適当な形にして＿＿＿に書きなさい。

❶ 牛乳は、カルシウムを多く＿＿＿います。

❷ 兄はゴルフの＿＿＿ために、毎日2時間も練習しています。

❸ 二十歳以下は飲酒（いんしゅ）ができないと、法律（ほうりつ）で＿＿＿います。

❹ 昇進（しょうしん）したのがきっかけで、彼は以前よりも仕事に＿＿＿ようになりました。

❺ 海外で＿＿＿いる日本人選手のニュースを聞くと、嬉しくなります。

> 定める　精を出す　活躍する　腕を上げる　思い浮かべる　含む

2 次の言葉を使って短文を作りなさい。

❶ 사회인으로서 어울리는 말씨와 행동을 하도록 유념하세요.
（ふさわしい、言葉（ことば）づかい、心（こころ）がける）

→ ＿＿＿＿＿＿＿＿＿＿＿＿＿＿＿＿＿＿＿＿＿＿＿＿＿＿＿＿＿

❷ 한국 요리라고 하면 많은 사람들은 매운 요리를 떠올립니다. （辛（から）い、思（おも）い浮（う）かべる）

→ ＿＿＿＿＿＿＿＿＿＿＿＿＿＿＿＿＿＿＿＿＿＿＿＿＿＿＿＿＿

❸ 요즘 아이들은 어렸을 때부터 인터넷에 친숙해져 있습니다. （幼（おさな）い、親（した）しむ）

→ ＿＿＿＿＿＿＿＿＿＿＿＿＿＿＿＿＿＿＿＿＿＿＿＿＿＿＿＿＿

❹ 의논을 거듭한 결과, 다음 대회의 개최지가 정식으로 결정되었습니다.
（話（はな）し合（あ）い、重（かさ）ねる、開催地（かいさいち）、正式（せいしき）に）

→ ＿＿＿＿＿＿＿＿＿＿＿＿＿＿＿＿＿＿＿＿＿＿＿＿＿＿＿＿＿

회화

다음은 본문과 관련된 회화입니다. 들으면서 빈칸을 채우세요.

A：日本の（①　　　　　）って、何か知ってる？

B：相撲じゃない？私も国技館に見に行ったことがあるよ。

A：僕は、相撲っていうと、（②　　　　　）のは太った男の人なんだけど。

B：うん。大きな男の人が二人で組み合うのは、すごく迫力があって面白いよね。

A：組み合う時は、やっぱり体が大きい方に（③　　　　　）ものなのかな？

B：そうね。太るのも一種の（④　　　　　）だから、お相撲さんは毎日たくさんの食材を（⑤　　　　　）ちゃんこ鍋を食べているのよ。

A：へぇ。他に、何かお相撲さんになるための（⑥　　　　　）ってあるの？日本人じゃないとダメとか。

B：ううん、それはないよ。実際、たくさんの外国人力士が（⑦　　　　　）いるでしょう？

A：そういえば、この前もモンゴル出身の力士がテレビに出ていたな。すごく日本語が上手でびっくりしたんだ。

B：日本で暮らしながら、周りの人とコミュニケーションを取ったり、日本語でインタビューに答えたりすることで、日本語の（⑧　　　　　）いくんだって。

A：なるほど。

B：それに、お相撲さんは、強いだけじゃなく、国技をするのに（⑨　　　　　）人じゃないとなれないの。つまり、（⑩　　　　　）も大事なのよ。

A：ふぅん。お相撲さんって、思ったより大変なんだね。

B：もし良ければ、今度一緒に、国技館に相撲を見に行こうよ。

② SNS 소셜 네트워킹 서비스

여러분은 SNS(Social Networking Service, 소셜 네트워킹 서비스)를 이용한 적이 있습니까? 일본이나 한국의 유명 SNS 사이트에서는 어떤 일이 가능할까요? 또 SNS의 장점과 단점에는 어떤 것이 있을까요?

주요문형

～にかかわらず / ～を契機に / ～つつ / ～にほかならない

本文

　SNSサイトとは、人と人とがコミュニケーションを取るためのコミュニティ型のWebサイトのことで、日本のmixi、韓国のCyworld、アメリカのMySpace、Facebookなどがその例です。SNSの目的は、自分の日記や写真を公開したり、他の人と情報を共有したり、趣味が合う友人を探したりして、人とのつながりを深めていくことです。

　SNSの長所は、国籍や年齢にかかわらず、実際に会ったことのない人や、遠く離れている人とでも、密なコミュニケーションが取れるという点です。その人がどんな人か、どんな生活を送っているのか、今何を考えているのか、といったプライベートな情報まで知ることができるため、気がおけない友人のように親しみが感じられるのでしょう。また、名前やキーワードで利用者を検索することもできるので、長く離れていた友人とSNSで「再会」し、それからまた交流が始まる、ということもあります。中には、SNSで知り合った人とやりとりをしているうちに親しくなり、結婚したという例もあるそうです。

　しかし、SNSには欠点もあります。個人情報の漏えいの危険性が、その最たるものでしょう。2011年、Cyworldの会員の個人情報がハッキングにより流出するという事件がありました。IDだけでなく、名前や携帯電話番号、メールアドレス、住民登録番号などの情報が流出し、サイトの運営者や利用者はその対応に追われることとなりました。こうした事件を契機に、個人情報の管理に対する警告の声も上がっています。

　また、プロフィールを詐称して他の人になりすましたり、詐欺を働いたりするなど、SNSを利用した犯罪も増加しています。また、口車にのせられて金品をだまし取られるなどのトラブルも多数報告されていますが、このような犯罪が

生まれるのも、SNSの持つ親密性が原因だといえるでしょう。会ったこともない相手だと知りつつも、サイトを通じてやりとりするうち、親しくなった気がして心を許してしまう、そうしたSNSの特徴や人間の心理を巧みに利用しているのです。

　たとえコミュニケーションが目的であっても、インターネットサイトに情報を公開するということは、世界中に情報を公開するということにほかなりません。そうした危険性を知り、常識と責任感を持ってサイトを利用することが大切です。

독해문제

1. SNSサイトの目的とは何ですか。
   → _____

2. SNSで知り合った人に、友人のような親(した)しみを感じるのはなぜですか。
   → _____

3. SNSの最大の欠点(けってん)とは何ですか。
   → _____

4. SNSを利用した犯罪(はんざい)が生(う)まれるのはなぜですか。
   → _____

5. SNSサイトを利用する時に大切なのは、どのようなことですか。
   → _____

단어 및 표현

- コミュニティ型(がた) 커뮤니티형
- 深(ふか)める 깊게 하다
- 実際(じっさい)に 실제로
- プライベートな 사적인, 개인적인
- 検索(けんさく)する 검색하다
- 欠点(けってん) 결점, 단점
- 最(さい)たる 제일의, 으뜸가는
- 運営者(うんえいしゃ) 운영자
- 詐称(さしょう)する 사칭하다
- 犯罪(はんざい) 범죄
- 金品(きんぴん) 금품
- ～を通(つう)じて ～을 통해
- 巧(たく)みに 교묘하게

- 共有(きょうゆう)する 공유하다
- 長所(ちょうしょ) 장점
- 密(みつ)な 밀접한
- 気(き)がおけない 허물없이 지낼 수 있다
- 交流(こうりゅう) 교류
- 漏(ろう)えい 누설
- ハッキング 해킹
- 対応(たいおう)に追(お)われる 대응에 쫓기다
- ～になりすます ～인 체하다
- 増加(ぞうか)する 증가하다
- だまし取(と)る 속여서 빼앗다
- 心(こころ)を許(ゆる)す 마음을 터놓다
- 常識(じょうしき) 상식

- つながり 관계, 유대
- 国籍(こくせき) 국적
- ～といった ～와 같은
- 親(した)しみ 친밀감, 친근감
- やりとり 주고받음
- 危険性(きけんせい) 위험성
- 流出(りゅうしゅつ)する 유출되다
- 警告(けいこく) 경고
- 詐欺(さぎ)を働(はたら)く 사기를 치다
- 口車(くちぐるま)にのせる 감언이설로 속이다
- 親密性(しんみつせい) 친밀성
- 特徴(とくちょう) 특징
- 責任感(せきにんかん) 책임감

문형연습

1. ～にかかわらず　　　　　　　　　　　　　　　　　　　　　　～에 관계없이

'~가 어떻든 관계없이'라는 의미를 나타낸다. 「～」에는 「大小」「有無」등 정반대의 뜻을 가진 말을 조합한 숙어가 올 때가 많다.

- 理由にかかわらず、人を殺すのはしてはいけないことだ。
- この検査は、性別にかかわらず、40歳以上の人全員が対象です。
- 経験の有無にかかわらず、仕事に情熱を持って取り組む人を募集しています。

2. ～を契機に　　　　　　　　　　　　　　　　　　　　　　　～을 계기로

'~을 계기로 해서'라는 의미로, 어떤 말이나 행동, 일이 변하게 된 원인·동기를 나타낸다.

- 韓国へ旅行に行ったのを契機に、韓国の文化に興味を持った。
- 入院を契機に、健康の大切さについて改めて考えるようになった。
- 大学進学を契機に、大学の近くで一人暮らしをすることにした。

단어 및 표현

- □ 殺す 죽이다
- □ 対象 대상
- □ 募集する 모집하다
- □ 検査 검사
- □ 有無 유무
- □ 興味 흥미
- □ 性別 성별
- □ 情熱 정열, 열정
- □ 改めて 새삼스럽게, 다시금

③ ～つつ　　　　　　　　　　　　　　～하면서

'~하면서'라는 의미로, 두 개의 동작이 병행하여 이루어지는 것을 나타낸다.

- 違法だと知り**つつ**、金のために犯罪に手を染めてしまった。
- 勉強しなければならないと思い**つつ**も、ついテレビを見てしまう。
- このレポートは、先輩のアドバイスを参考にし**つつ**、自分で書いたものです。

④ ～にほかならない　　　　　　　　　바로 ～이다, ～임에 틀림없다

'~이외의 것은 결코 없다'라는 의미로, 「～」에 들어가는 말을 강조해서 말하는 표현이다.

- あの人こそ、私たちが探し求めていた人**にほかならない**。
- 試合の途中で諦めることは、負けを認めること**にほかならない**。
- 今の仕事を辞めることは、私を信じている家族を裏切ること**にほかなりません**。

 단어 및 표현

- □ 違法 위법
- □ 探し求める 구하려 찾아다니다
- □ 裏切る 배신하다
- □ 手を染める 손을 대다, 관계하다
- □ 諦める 포기하다
- □ つい 그만, 나도 모르게
- □ 仕事を辞める 일을 그만두다

연습문제

❶ 文型

1 ＿＿＿＿の中の言葉を入れて文を完成させなさい。

　　　かかわらず　　契機に　　つつ　　ほかならない

❶ インターネット上に情報を公開することは、世界中に公開することに（　　　　　）のです。

❷ SNSは、国籍や年齢に（　　　　　）、誰でも利用することができます。

❸ 会ったこともない相手だと知り（　　　　　）、心を許してしまいました。

❹ 個人情報の流出事件を（　　　　　）、情報管理に対する警告の声が上がりました。

2 ＿＿＿＿の中の言葉と（　　）の言葉を使って、文を完成させなさい。

　　　～にかかわらず　　～を契機に　　～つつ　　～にほかならない

❶ 問題の（大小→　　　　　　）、困ったことがあれば何でも相談してください。

❷ 一人暮らしの時はほとんどしなかったが、（結婚→　　　　　　　）料理をするようになった。

❸ このチームが優勝できたのは、一人一人の努力の（成果→　　　　　　）だろう。

❹ 恋愛ドラマなどくだらないと（言う→　　　　　　）、つい見てしまう。

❷ 言葉の使い方

1 ＿＿＿の中の言葉を一つ選んで、適当な形にして＿＿＿＿に書きなさい。

❶ 彼は、経歴を＿＿＿＿罪で、会社を解雇されました。

❷ インターネットで＿＿＿＿ば、簡単に情報が手に入る世の中になりました。

❸ 中国の文化に対する理解を＿＿＿＿ために、一年間留学することを決めました。

❹ アメリカでは年々、肥満人口が＿＿＿＿おり、重大な社会問題となっています。

❺ 製品の情報が＿＿＿＿ため、発売が延期になりました。

> 深める　流出する　増加する　共有する　検索する　詐称する

2 次の言葉を使って短文を作りなさい。

❶ 직원인 체하고 회사에 침입한 죄로 체포되었습니다.　(なりすます、侵入する、逮捕)

→ ＿＿＿＿＿＿＿＿＿＿＿＿＿＿＿＿＿＿＿＿＿＿＿

❷ 자신과 같은 사투리를 말하는 사람을 만나면 친밀감이 솟아납니다.　(方言、親しみ、わく)

→ ＿＿＿＿＿＿＿＿＿＿＿＿＿＿＿＿＿＿＿＿＿＿＿

❸ 인기 사회자가 돌연 은퇴했기 때문에, 방송국은 대응에 쫓기고 있습니다.
(突然、引退する、対応)

→ ＿＿＿＿＿＿＿＿＿＿＿＿＿＿＿＿＿＿＿＿＿＿＿

❹ 메일을 주고 받는 것을 통해, 그녀에게 마음을 터놓게 되었습니다.
(やりとり、～を通じて、心を許す)

→ ＿＿＿＿＿＿＿＿＿＿＿＿＿＿＿＿＿＿＿＿＿＿＿

다음은 본문과 관련된 회화입니다. 들으면서 빈칸을 채우세요.

Track-04

A：高校の同級生の、小田さんって覚えてる？彼女、去年結婚して、今はアメリカに住んでいるらしいよ。

B：そうなんだ！なんでそんなこと知ってるの？

A：SNSの（①　　　　　）で、偶然彼女を見つけたんだよ。それから、何度かメッセージで（②　　　　　）したんだ。

B：アメリカに住んでいる昔の同級生とインターネットで再会するなんて、不思議な（③　　　　　）ね。

A：あや子ちゃんは、SNSはやらないの？

B：だって、なんだか怖いんだもん。個人情報が（④　　　　　）り、お金を（⑤　　　　　）たりする事件もあったし…。

A：あぁ。だから最近は情報保護のために、パスワードをできるだけ難しいものにするように（⑥　　　　　）されているんだ。

B：それでも、パスワードが（⑦　　　　　）される危険もあるでしょう？

A：うん。確かにそういう（⑧　　　　　）もあるけど、やっぱりSNSは楽しいものだよ。僕はSNSで、ヨーロッパやアフリカの人とも知り合ったんだ。

B：え、どうやって？

A：キーワードで（⑨　　　　　）だけで、自分と同じ趣味の人を見つけることができるんだ。それからメッセージを送ったり、互いの情報を交換したりしながら仲良くなって、今ではすっかり（⑩　　　　　）友達みたいな存在だよ。

B：へぇ…なんだか楽しそう。私もちょっとだけ、やってみようかな？

A：じゃあ僕が使っているサイトを紹介するよ。一緒に楽しもう。

③ ソーシャルコマース
소셜 커머스

소셜 커머스란 어떤 것을 말하나요? 왜 소셜 커머스를 이용하면 좋은 물건을 저렴하게 살 수 있을까요? 현명한 소비자가 도기 위해서는 어떤 점에 주의할 필요가 있는지 생각해 봅시다.

주요문형

〜ではあるまいか / 〜とは / 〜あっての / 〜に相違ない

본문

　　有名ホテルの宿泊券や、高級レストランでのお食事券、ゴルフや英会話のレッスンチケット、もしこれらが半額で手に入るとしたら、皆さんは欲しいと思いませんか。それとも、「そんなうまい話には何か裏があるのでは」、「だまされるのではあるまいか」と心配になりますか。近年話題になっているソーシャルコマースを利用すれば、こんなお得な買い物ができるかもしれません。

　　ソーシャルコマースとは、SNSやブログなどのソーシャルメディアを利用して、商品やサービスの売り上げを伸ばすためのマーケティング手法です。ソーシャルコマースにおいては、消費者の口コミなど、個人間のコミュニケーションが重要な役割を持ちます。

　　かつてマーケティングといえば、情報を送り出す側が主導権を握るものでしたが、ソーシャルコマースでの主役は消費者です。消費者あっての商売という考え方が以前より強まったともいえるでしょう。現代の消費者は、買い物に失敗したくないので、友人や信頼できる人と情報交換をしたいと考えたり、忙しいので必要な情報だけを提供してほしいと考えたりしている人が多いようです。そんな消費者のニーズに目をつけ、それを販売促進に利用したのがソーシャルコマースなのです。例えば、一定期間に一定数の購入者が集まったら、取引が成立するという共同購入サイトがあります。企業側は短期間に購入者を集めることができ、事前決済することで収益が得られます。

　　一方、消費者は、他の消費者の動向を見ることで、どの商品が人気かを知ったり、商品を安く購入したりすることができます。アメリカのある企業の調査によると、2011年の世界ソーシャルコマース市場の規模は50億ドルでしたが、2015年には300億ドルにまで成長することが予想されています。

このような期待のソーシャルコマース市場ですが、共同購入で買ったチケットを店で利用した際、十分なサービスが受けられなかったり、サイトに不正な広告や評価が載せられるなどの問題も起こっています。消費者の口コミが販売促進の命であるソーシャルコマースにおいて、あたかも人気商品であるかのように商品評価を誇張したり、販売量を水増しするといった行為は、消費者をだますことに相違ありません。このような違法行為には、厳重な処罰が与えられますが、何を信じて何を選ぶのか、消費者自身も割を食わないように目を養う必要があるようです。

독해문제

1　ソーシャルコマースとはどのようなものですか。
　　→ _____

2　これまでのマーケティングとソーシャルコマースとは何が違いますか。
　　→ _____

3　今後、ソーシャルコマースの市場はどうなると予想されていますか。
　　→ _____

4　ソーシャルコマース市場では、どのような問題が起こっていますか。
　　→ _____

5　消費者はソーシャルコマースを利用する際、どうすべきですか。
　　→ _____

단어 및 표현

- 半額 반값
- だます 속이다
- 売り上げ 매상, 매출
- 消費者 소비자
- 主導権 주도권
- 商売 장사, 상업
- 目をつける 주시하다, 노리다
- 共同 공동
- 動向 동향
- 載せる 싣다
- 水増しする 수량을 불리다
- 割を食う 밑지다, 손해 보다

- 手に入る 손에 들어오다, 입수하다
- お得な 이득이 되는, 유리한
- 伸ばす 늘리다, 신장시키다
- 口コミ 입소문
- 握る 쥐다, 잡다
- 提供する 제공하다
- 販売促進 판매 촉진
- 事前決済 사전 결제
- 規模 규모
- あたかも～かのように 마치 ～인 듯이
- 厳重な 엄중한
- 目を養う 안목을 기르다

- 裏 내면, 내막
- ソーシャルメディア 소셜 미디어
- 手法 수법, 기법
- 役割 역할
- 主役 주역
- ニーズ 필요, 요구
- 購入者 구입자, 구매자
- 収益 수익
- 不正な 부정한
- 誇張する 과장하다
- 処罰 처벌

문형연습

1 ～ではあるまいか   ～하지는 않을까?

'~일 것이다'라는 말하는 사람의 추측을 완곡하게 말하거나 주장할 때 사용한다. 「~ではないだろうか」의 딱딱한 표현이다.

- 今回の地震が観光業にも影響を与えるのではあるまいかと懸念されている。
- 礼儀を知らない子供たちが増えたのは、大人の責任ではあるまいか。
- 今後のためには、詳しい事情を説明した方がいいのではあるまいか。

2 ～とは   ～란, ~라는 것은

'~라는 것은 …라는 의미이다/…를 말한다'로, 어떤 어구의 의미나 정의를 말할 때 사용한다. 문어체적 표현이다.

- 家族とは、どんな時にも力になってくれるかけがえのないものです。
- 「お得意様」とは、その店をいつも利用する客のことです。
- スマートフォンとは、パソコンの機能をベースに作られた電話のことです。

단어 및 표현

- 観光業 관광업
- 懸念する 염려하다, 걱정하다
- 礼儀 예의
- かけがえのない 둘도 없이 소중한
- お得意様 단골
- 機能 기능
- ベース 베이스, 토대

❸ 〜あっての 〜가 있어야 성립하는

'〜가 있어서 …을 할 수 있다' '〜이 있어서 …이 성립한다'라고 할 때 사용한다. '〜이 없으면 …할 수 없다'라는 것을 강조하는 표현이다.

- 会員あっての研究会なのだから、会員の希望をもっと取り入れなければならない。
- 今回の大会での優勝は、これまでの努力あってのものでした。
- 両親の愛情あっての私なのだから、これからも親孝行したいと思う。

❹ 〜に相違ない 〜임에 틀림없다

'틀림없이 〜라고 생각한다'라는 말하는 사람의 확신을 말할 때 사용한다. 「〜に違いない」보다 딱딱한 표현이다.

- 部長がおっしゃるのだから、それが決定事項に相違ないだろう。
- 会社のお金を個人的に使ったというのは、つまり、盗んだことに相違ない。
- この事業から撤退しなければいけないというのは、結局、相手企業に負けたことに相違ありません。

단어 및 표현

- ☐ 希望 희망
- ☐ 優勝 우승
- ☐ 親孝行 효도
- ☐ 決定事項 결정사항
- ☐ 撤退する 철수하다

연습문제

1 文型

1 ＿＿＿の中の言葉を入れて文を完成させなさい。

あるまいか　とは　あっての　相違ない

❶ お得な情報を聞くと「何か裏があるのでは」、「だまされるのでは（　　　　）」と心配になる。

❷ 商品評価を誇張したり、販売量を水増しするのは、消費者をだますことに（　　　　）。

❸ ソーシャルコマースにおいては消費者（　　　　）商売という考え方が以前より強まった。

❹ ソーシャルコマース（　　　　）、ソーシャルメディアを利用したマーケティング手法のことだ。

2 ＿＿＿の中の言葉と（　）の言葉を使って、文を完成させなさい。

〜ではあるまいか　〜とは　〜あっての　〜に相違ない

❶ (ＫＹ語→　　　　　　　）、日本語の文章を省略して各単語の頭文字をつなげた略語のことです。

❷ 「優秀な（社員→　　　　　　　）我が社だと思っている」と社長がおっしゃいました。

❸ 準備が不十分なため、このプロジェクトは（失敗する→　　　　　　　）と心配されている。

❹ ＤＮＡ鑑定の結果、彼が私の実の（息子→　　　　　　　）ことが証明された。

2 言葉の使い方

1 _____ の中の言葉を一つ選んで、適当な形にして _____ に書きなさい。

① 次の給料が出たら買いたいと思って、先月からあの服に_____いたんです。

② この社員は、業績を_____して報告していたため、首になりました。

③ 欲しかった服が_____せいで、彼女はひどく落ち込んでいました。

④ あんな男にだまされるなんて、あなたはもう少し男を見る_____必要があ りますよ。

⑤ 似顔絵のコツは、その人の特徴を_____て描くことです。

> 水増しする　提供する　誇張する　手に入る　目を養う　目をつける

2 次の言葉を使って短文を作りなさい。

① 이 사장은 위법행위로 엄중히 처벌되었습니다. （違法行為、厳重に、処罰する）

　→ _____

② 이번 프로젝트의 주도권을 쥐고 있는 것은, 스기야마 과장이다. （主導権、握る、杉山）

　→ _____

③ 저 회사는 매출이 급증하여 수익을 올린 것 같지만, 뭔가 내막이 있을지도 모릅니다. （売り上げ、急増する、収益、裏）

　→ _____

④ 이 버튼을 클릭하면 거래가 성립되므로 잘 생각한 후 눌러 주십시오. （クリックする、取引、成立する）

　→ _____

다음은 본문과 관련된 회화입니다. 들으면서 빈칸을 채우세요.

A：ねえ、これ見て。ホテルの高級ディナーが50％オフになるチケットだって。
B：どれ？ へえ、本当だ。すごい（①　　　　　）ね。（②　　　　　）するサイト？
A：そう。（③　　　　　）に（④　　　　　）が集まった場合だけ、安くなるみたい。
B：ふうん、それにしても50％オフってすごいね。
A：でしょ？ 私も買っちゃおうかなー。こんなに安くなるなら、一度ぐらいホテルのお食事、行ってみたいもん。
B：そうだね。でも、その前に…他の人の（⑤　　　　　）とか書いてないの？ もう少しちゃんと調べてみた方がいいかもしれないよ。（⑥　　　　　）ようにね。
A：んーちょっと待って。あ、ここに色んな情報が（⑦　　　　　）ある。ここに書いてあることは、全部大丈夫そうだけどな。
B：まあ、本当に（⑧　　　　　）がこれを書いているかは分からないけどね。
A：そんなこと言ったら、何も買えないじゃない！ どのコメントも信用できなくなっちゃう。
B：あ、いや、買うなって言っているんじゃなくて…ただ、最近はこういうコメントもだいぶ（⑨　　　　　）いたりするから、（⑩　　　　　）しないようにと思って。
A：分かったわよ。でも、試してみないといいサイトかどうか分からないんだし。今回は思い切って買ってみちゃおう。

4 男性語と女性語

だんせいご　じょせいご

남성어와 여성어

일본어의 특색 중 하나는 언어에 남녀 차이가 있다는 것입니다. 예를 들어 회화체의 어미나 호칭에는 성별에 따라 차이가 나타납니다. 남성어와 여성어에 어떠한 차이가 있는지 읽어 봅시다.

주요문형

~ならでは / ~きらいがある / ~上で / ~ことだ

A「うるせえなぁ、俺が行くって言ってんだろ。お前は黙ってろよ。」
B「ひどいわね。あたしが何をしたって言うの。あなたは行かないって言ったじゃない。」

　この台詞を読んだだけでも、Aが男性、Bが女性だと考える人が多いでしょう。このように、日本語では性別によって言葉づかいに違いがあります。

　例えば、英語では老若男女誰しもが自分のことを「I」と言いますが、こうした一人称代名詞に様々な種類があるのも日本語ならではです。男性は普段は「俺」や「僕」を使う人が多く、会議や面接など改まった場では「わたし」や「わたくし」を使います。また、自分のことを「おいら」「自分」などと呼ぶ人もいます。女性は基本的に「わたし」、改まった場では「わたくし」、友人同士などどけた場では「あたし」を使う人が多く、関西地方では「うち」もよく使われます。他にも地方によって多くの一人称があるため、すべて挙げるのは到底無理です。

　また、語尾表現でも、男性は「～ぜ」「～だろ」、女性は「～ね」「～わ」「～よ」といった表現を使うのが特徴だといわれています。もっとも、近年ではこの差はほとんどなくなりつつあり、男女ともに「～だよ」「～だね」「～の」といった語尾表現が多く使われています。

　他にも、男性は「風呂」「飯」「腹」などと言うのに対し、女性は丁寧語の「御(お／ご)」を付け、「お風呂」「ご飯」「お腹」のように言うことが多いです。基本的に男性語は語気が強く、乱暴に聞こえるきらいがあるため、目上の人に対して使うと、失礼に思われる恐れがあります。一方、女性語は柔らかく、上品な印象を与えますが、これは、昔の上流階級の女性たちが使っていた言葉の影響を受けているためでしょう。

もちろん、どのような言葉づかいで話すかは自分次第です。実際に、男性が自分のことを「あたし」と呼んだり、女性が自分のことを「僕」と呼んだりすることもないわけではありません。しかし、やはり一般的に前者は女性語、後者は男性語という認識があるため、性別と逆の言葉づかいをすると、話す相手に眉をひそめられるなど、社会的には歓迎されにくいようです。例えば、女性がお店で「おい、ババア、早く飯持って来い！」と言ったりしたら、周りの人に後ろ指をさされるでしょう。

　このように、男性語と女性語というのは日本語の興味深い特徴の一つであり、言葉づかいはその人のイメージを決定づけています。それを知った上で、自分の言葉づかいを見直してみることです。

독해문제

1 日本語では一人称をどのように使い分けていますか。
→ _____

2 日本語の語尾表現にはどのようなものがありますか。
→ _____

3 男性語を使う際に気をつけるべきこととは、どのようなことですか。
→ _____

4 女性語が柔らかく、上品な印象を与えるのは、なぜですか。
→ _____

5 自分の言葉づかいを見直す必要があるのは、なぜですか。
→ _____

단어 및 표현

- 台詞 말, 대사
- 誰しも 누구든지, 누구나
- 改まった場 격식을 차린 자리
- 到底 도저히
- もっとも(尤も) 다만, 하기는
- 丁寧語 정중어
- 目上 윗사람(지위・연령)
- 上品な 품위있는, 고상한
- ～次第だ ～에 달려 있다
- 逆 반대, 거꾸로임
- 後ろ指をさされる 뒷손가락질을 받다, 남한테 욕먹다(비난받다)
- 決定づける 결정짓다
- 言葉づかい 말씨, 말투
- 一人称代名詞 1인칭 대명사
- くだけた場 허물없는 자리
- 語尾表現 어미표현
- 近年 최근 몇 년
- 語気 어조, 말투
- ～恐れがある ～할 우려가 있다
- 印象を与える 인상을 주다
- 後者 후자
- 眉をひそめる 눈살을 찌푸리다
- 見直す 재점검하다
- 老若男女 남녀노소
- 普段 보통, 평소
- 関西地方 관서지방
- 特徴 특징
- 差 차이
- 乱暴に 난폭하게, 거칠게
- 柔らかい 부드럽다
- 上流階級 상류계급
- 認識 인식
- 歓迎する 환영하다
- 興味深い 흥미롭다

문형연습

1 ～ならでは　　　　　　　　　　　　　　～특유의, ～이 아니고는

'～이외에는 할 수 없다' '～이기 때문에 훌륭하다'라고 하듯이, 앞에 오는 명사에 대한 높은 평가를 나타낸다.

- 美しく、繊細な作りの和菓子は、日本**ならでは**のものだ。
- 型にとらわれない自由な発想は、子供**ならでは**だろう。
- 陶芸の名人**ならでは**の技術で作られた皿は、まさに芸術品です。

2 ～きらいがある　　　　　　　　　　　　　　～하는 경향이 있다

'～하는 경향이 있다' '～하는 일이 많다'라는 의미를 나타낸다. 딱딱한 문어체적 표현으로 부정적인 뉘앙스로 사용된다.

- 彼は間違いを指摘されると、反省するより、ふてくされてしまう**きらいがある**。
- 私は昔から困ったことがあると兄に頼る**きらいがある**ので、もう少し自立しないといけない。
- 多くの学生は、提出期限ギリギリまで課題をやらない**きらいがある**。

단어 및 표현

- □ 繊細な 섬세한
- □ 和菓子 화과자, 일본식 과자
- □ 型にとらわれない 형식에 얽매이지 않다
- □ 発想 발상
- □ 陶芸 도예, 도자기 공예
- □ 名人 명인
- □ 指摘する 지적하다
- □ ふてくされる 반항적인 태도를 보이다
- □ 提出期限 제출기한

4 男性語と女性語 남성어와 여성어

❸ ～上で　　　　　　　　　　　　　　　　　～한 후에

'우선 ~하고 나서'라는 의미로, 어떤 것을 행한 후에 그 결과에 기초하여 다음 행동을 취한다는 것을 나타낸다.

- 必ず説明書を読んだ上で、本製品をご使用ください。
- 留学するかどうかは、ご家族とよく相談した上で決めた方がいいですよ。
- いただいたご提案については、上司と検討した上で、改めてお返事いたします。

❹ ～ことだ　　　　　　　　　　　　　～하는 게 좋다, ~해야 한다

'~하는 편이/~하지 않는 편이 좋다'라고, 개인의 의견이나 판단을 충고하는 표현이다. 윗사람에게는 쓰지 않는다.

- やせたいと思うのなら、食事に気を使うことだ。
- 失敗した時のことばかり考えず、思い切って一度やってみることだ。
- 彼が酔って説教し始めた時は、口答えせず、黙って話を聞いてやることだ。

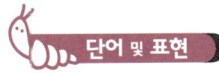 단어 및 표현

- □ 提案 제안
- □ 気を使う 주의하다, 신경을 쓰다
- □ 説教する 설교하다
- □ 検討する 검토하다
- □ 思い切って 과감히
- □ 口答えする 말대꾸하다
- □ 改めて 다른 기회에, 다시
- □ 酔う 취하다
- □ 黙る 가만히(말없이) 있다

연습문제

1 文型

1 ☐の中の言葉を入れて文を完成させなさい。

　　　　　ならでは　　きらい　　上　　こと

❶ 日本語には様々な一人称代名詞があることを知った（　　　　　）で、「私」を使っています。

❷ 一人称代名詞の種類が多いというのは、日本語（　　　　　）の特徴です。

❸ 自分が周囲にどう思われたいかを考え、言葉づかいを見直してみる（　　　　　）です。

❹ 男性語は語気が強いため、女性が使うと周囲に眉をひそめられる（　　　　　）があります。

2 ☐の中の言葉と（　）の言葉を使って、文を完成させなさい。

　　　～ならでは　　～きらいがある　　～上で　　～ことだ

❶ ショパンを得意とする（彼女→　　　　　　　　）素晴らしいピアノ演奏だった。

❷ 人に愛されたいと思うのなら、まず自分が人を（愛する→　　　　　　）。

❸ 兄は真面目で優秀だが、他人の忠告を（聞かない→　　　　　　　）人間だ。

❹ あなたの過去をすべて（知る→　　　　　　）、結婚したいと思ったのです。

❷ 言葉の使い方

1 ＿＿＿の中の言葉を一つ選んで、適当な形にして＿＿＿＿に書きなさい。

❶ いくら私がゴルフが得意だといっても、二十年も経験のある彼には、
　＿＿＿＿かなわない。

❷ オーディションで彼の合格を＿＿＿＿のは、その素晴らしい歌声でした。

❸ 彼女の結婚をみんな祝福した。＿＿＿＿、内心悲しんでいる者もいたようだが。

❹ クラシックはつまらないと思っていましたが、今回のコンサートに行って、
　＿＿＿＿が変わりました。

❺ 上司ばかりの席で緊張していた彼も、同僚が来ると、＿＿＿＿表情を見せる
　ようになった。

　　決定づける　　後ろ指をさされる　　認識　　到底　　もっとも　　くだけた

2 次の言葉を使って短文を作りなさい。

❶ 식전 등의 격식을 차린 자리에서는 말씨나 복장에도 유의할 필요가 있습니다。
　(式典、改まった、言葉づかい)

　→ ＿＿＿＿＿＿＿＿＿＿＿＿＿＿＿＿＿＿＿＿＿＿＿＿＿＿＿＿＿＿＿＿＿＿＿

❷ 그녀는 사람에 대한 태도가 부드러워서, 거래처에서도 인기가 있다。(柔らかい、取引先)

　→ ＿＿＿＿＿＿＿＿＿＿＿＿＿＿＿＿＿＿＿＿＿＿＿＿＿＿＿＿＿＿＿＿＿＿＿

❸ 이야기가 추상적이어서 잘 모르겠으니 구체적인 예를 들어 주십시오。
　(抽象的、具体的、挙げる)

　→ ＿＿＿＿＿＿＿＿＿＿＿＿＿＿＿＿＿＿＿＿＿＿＿＿＿＿＿＿＿＿＿＿＿＿＿

❹ 그의 제멋대로인 행동에 아버지는 눈살을 찌푸리고 있다。(勝手、ふるまい、眉をひそめる)

　→ ＿＿＿＿＿＿＿＿＿＿＿＿＿＿＿＿＿＿＿＿＿＿＿＿＿＿＿＿＿＿＿＿＿＿＿

회화

다음은 본문과 관련된 회화입니다. 들으면서 빈칸을 채우세요.

A：俺なんか腹減ったんだけど。飯食いてぇなー。おい、どこ行く？

B：いやぁね、その（①　　　　　）。なんだかとっても（②　　　　　）感じがするわよ。

A：そうか？　俺にとってはこれが普通なんだけど。

B：とにかく、私の両親の前ではそんな風に（③　　　　　）言葉で話さないでね。きっと（④　　　　　　　　）ちゃうわ。

A：うちのお袋も、（⑤　　　　　）場所ではちゃんと話しなさいよ、ってうるさいんだよなー。

B：お母さんのことも、「お袋」じゃなくて、「母さん」とか呼んだらどう？

A：おいおい。家族の呼び方ぐらい、好きにさせてくれよ。

B：分かったわよ。でも、きれいな言葉で話すだけで、だいぶ（⑥　　　　　）が変わると思うけど。

A：言葉づかいで判断されることなんて、そんなにないだろう。

B：でも、例えば（⑦　　　　）の人と話す時とか、面接の時とか（⑧　　　　　）きれいな言葉づかいで良く思われようとするじゃない。

A：そうか。じゃあ…僕、なんだかお腹が減ってしまいましたよ。ご飯が食べたいんですが、どこに行きましょうか？

B：そうそう。（⑨　　　　　）、話し方が変わっても、中身が伴ってないと意味がないんだけどね。

A：じゃあ、（⑩　　　　　）無理だ。おい、早く飯食いに行こうぜ。

B：もう！

5 アニメと町(まち)おこし

애니메이션과 마을 살리기

여러분은 어떤 애니메이션이나 만화를 좋아합니까? 그 작품의 무대를 직접 눈으로 보고 싶다고 생각한 적이 있습니까? 이 과에서 다루는 마을 살리기는 어떠한 것을 가리키는지 읽어 봅시다.

주요문형
〜や否や / 〜を皮切りとして / 〜とあれば / 〜といったらない

皆さんは、子供の頃にどんなアニメやマンガが好きでしたか。その物語の舞台となった場所に行ってみたいと思いますか。近年ではアニメやマンガの舞台を訪れることが、その作品のファンの間でブームになっています。そのため、多くの地域がアニメやマンガで町おこしに取り組み始めました。

その先駆けとなったのが鳥取県です。鳥取県は、「*ゲゲゲの鬼太郎」の作者である水木しげるさんや、「*名探偵コナン」の作者である青山剛昌さん、ヨーロッパで高い評価を得ているマンガ家の谷口ジローさんなどを送り出している県です。水木しげるさんの故郷である境港市には、130体以上の妖怪のブロンズ像を設置した「水木しげるロード」が1993年に整備されました。境港市の商店街は長い間売り上げの減少に頭を抱えていましたが、「ゲゲゲの鬼太郎」がアニメや映画になった効果で観光客の数が増え、売り上げも増加しました。

また、女子高生の日常を描いた「らき☆すた」の舞台である埼玉県久喜市では、作品に登場する鷲宮神社への観光客の誘致を積極的に行っています。その結果、2007年に9万人だった初詣客が、2011年には47万人に急増するなど、絶大な経済効果がありました。

このように、日本各地で町おこしが進んでいますが、2009年から大々的にイベントを行い話題となっているのは、神奈川県箱根町です。「*新世紀エヴァンゲリオン」の舞台である箱根町は、作品に出てくる名所に観光客を誘致するため「エヴァンゲリオン箱根補完マップ」を作成しました。このマップは、配布を開始するや否や大反響を呼び、すぐに品切れとなりました。これを皮切りとして、その後も町内のホテルに宿泊した客にアニメのグッズをプレゼントしたり、町内のコンビニエンスストアでのみ購入できるフィギュアを販売したり、

＊スタンプラリーを行ったりと、あの手この手で観光客を呼び込んでいます。大好きなアニメのためとあれば、ファンはイベントの度に何度でも足を運びたくなるはずです。

　ファンにとって、テレビや本で見ていたアニメやマンガの世界が、自分の目の前に広がっていた時の感動といったらないでしょう。また、同じ地域を訪れている他のファンたちとの交流も一体感が得られる魅力的な体験に違いありません。このようにアニメやマンガを通して、地域が活性化されることが期待されています。

＊「ゲゲゲの鬼太郎」：主人公の幽霊族の少年鬼太郎が妖怪達と繰りひろげる物語。
＊「名探偵コナン」：謎の組織によって体を小さくされた高校生探偵が、数々の事件を解決していくさまを描いた推理マンガ。
＊「新世紀エヴァンゲリオン」：2015年の世界を舞台に、人造人間エヴァンゲリオンのパイロットに選ばれた少年たちの成長を描いた物語。
＊スタンプラリー：鉄道駅、道の駅、市内や観光地などある一定のテーマの中でスタンプを集める企画のこと。

독해문제

1. なぜ、多くの地域がアニメやマンガで町おこしに取り組み始めたのですか。
   → _____

2. 鳥取県では、どのような町おこしをしていますか。
   → _____

3. 埼玉県久喜市が行っている町おこしはどのようなものですか。
   → _____

4. 神奈川県箱根町が2009年から行っているイベントは、どのようなものですか。
   → _____

5. ファンがアニメやマンガの舞台を訪れるのはなぜですか。
   → _____

단어 및 표현

- 物語 이야기
- 町おこし 마을 살리기, 마을 부흥
- 妖怪 요괴
- 商店街 상점가
- 日常 일상, 평소
- 絶大な 지대한
- 配布 배포
- 町内 동네
- スタンプラリー 스탬프 랠리
- ～度に ～할 때마다
- 魅力的な 매력적인

- 舞台 무대
- 先駆け 선구, 시초
- ブロンズ像 청동상
- 減少 감소
- 誘致 유치
- 大々的に 대대적으로
- 大反響を呼ぶ 큰 반향을 부르다
- グッズ 상품, 물품
- あの手この手で 여러 방법(수단)으로
- 足を運ぶ (일부러) 방문하다
- ～を通して ～을 통해서

- 訪れる 방문하다
- 送り出す 배출하다
- 設置する 설치하다
- 頭を抱える 머리를 싸쥐다, 고민하다
- 初詣客 새해 첫 참배객
- 補完 보완
- 品切れ 품절
- フィギュア 피규어
- 呼び込む 불러들이다
- 一体感 일체감
- 活性化する 활성화하다

문형연습

1 〜や否や 〜하자마자

'〜이 일어나면 그 직후에 …이 일어난다'고 할 때 사용한다.「〜とすぐに」「〜と同時に」와 같은 의미이다.「…」에 이어지는 사항은「〜」가 일어나기까지 기다리고 있었던 의지적인 일인 경우가 많다.

· アンさんは、授業が終わるや否や、教室を飛び出して行った。

· 大統領の汚職事件がニュースで報道されるや否や、町ではデモが起こった。

· 母は、帰って来るや否や布団に横になってしまった。

2 〜を皮切りとして 〜을 시작으로 하여

'〜에서 시작해서 그 후 잇달아'라고 할 때 사용한다. 어떤 일을 시작하는 행위를 나타낸다.

· その歌手は、大阪での公演を皮切りとして、日本全国を周ってコンサートを行っている。

· オリンピックでは、女子の100メートル走を皮切りとして、様々な種目が行われた。

· 首相は、フランス訪問を皮切りとして、ヨーロッパ各国を訪れる予定だ。

 단어 및 표현

- 飛び出す 뛰어나가다
- 汚職事件 오직 사건
- 報道する 보도하다
- 布団 이불
- 横になる 눕다
- 首相 수상

3 ～とあれば　　　　　　　　　　　　　　　　　　　　　　　　　～라면

'～을 위해서라면 …은 필요하다' '～을 위해서이므로 …도 받아들일 수 있다'라고 할 때 사용한다. 관용적으로 「～ためとあれば」의 형태로 쓰일 때가 많다.

・いつもお世話になっている先輩の頼みとあれば、何とかするしかない。
・この書類が必要とあれば、今すぐお届けします。
・かわいい子供のためとあれば、親は何でも頑張れる。

4 ～といったらない　　　　　　　　　　　　　　　　　　　　정말이지(너무나) ～하다

「～」의 정도가 극단적이어서 '말로는 표현할 수 없을 만큼 상당히 ～하다'라고 할 때 사용한다.

・２年ぶりに孫の顔を見た時の、両親の嬉しそうな顔といったらなかった。
・あの店の特製ハンバーグはおいしいといったらない。
・彼が結婚したと聞いた時、驚いたといったらなかったよ。

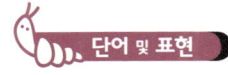

□ 頼み 부탁, 의뢰　　　　□ 孫 손자　　　　□ 特製 특제

연습문제

1 文型

1 ＿＿＿＿の中の言葉を入れて文を完成させなさい。

　　　や否や　　　皮切りとして　　　とあれば　　　といったらない

① 大好きなアニメのため（　　　　　）、ファンはイベントの度に何度でも足を運びたくなるはずだ。
② マップを配布する（　　　　　）大人気ですぐに品切れとなった。
③ アニメの世界が、自分の目の前に広がっていた時の感動（　　　　　）。
④ このイベントを（　　　　　）、その後もあの手この手で観光客を呼び込んでいる。

2 ＿＿＿＿の中の言葉と（　）の言葉を使って、文を完成させなさい。

　　　～や否や　　　～を皮切りとして　　　～とあれば　　　～といったらない

① 赤ちゃんは、お母さんの顔を（見る→　　　　　　　　）、泣き出した。
② 毎回毎回、あの担当者の対応は（ひどい→　　　　　　　　）。
③ その事件の（発覚→　　　　　　　　）、次々と問題が明らかになった。
④ 誰も予定が（合わない→　　　　　　　　）、その日は私が出勤するしかないだろう。

2 言葉の使い方

1 _____の中の言葉を一つ選んで、適当な形にして_____に書きなさい。

❶ この本は、発売以来、日本全国で_____を呼んでいます。

❷ その女優は、結婚式を_____行った。

❸ この店では、_____、お客を飽きさせないようにしている。

❹ 洪水のため工場が閉鎖され、この商品は、ずっと_____の状態が続いているそうです。

❺ この選手は、他の日本人選手の_____となって海外チームで活躍しました。

絶大　　大反響　　大々的に　　先駆け　　品切れ　　あの手この手で

2 次の言葉を使って短文を作りなさい。

❶ 잇달아 새로운 문제가 발생하여 사장은 고민하고 있습니다.（次々と、頭を抱える）

→ _____

❷ 이 마을은 여러 방법으로 이벤트를 하여 마을 살리기에 성공했습니다.
（あの手この手で、町おこし）

→ _____

❸ 광고를 배포하여 적극적으로 사람들을 불러들이려고 생각하고 있습니다.
（配布する、積極的に、呼び込む）

→ _____

❹ 상점가에서는 손님이 편리하고 쾌적하게 쇼핑을 할 수 있는 환경을 만들도록 힘쓰고 있습니다.（商店街、快適に、環境、取り組む）

→ _____

다음은 본문과 관련된 회화입니다. 들으면서 빈칸을 채우세요.

A : うわー、今度は（①　　　　　）やっているんだ。行きたいな。

B : え、どこで？

A : ああ、箱根だよ。エヴァンゲリオンに出てくる（②　　　　）を周って
スタンプを押すっていうイベント。商品も当たるかもしれないんだって。

B : エヴァンゲリオン？何でそれが箱根なの？

A : えー、もしかして、アニメ見てないの？エヴァンゲリオンの（③　　　）
が箱根町だから、箱根で毎年、色んなイベントをしているんだよ。
（④　　　　）も兼ねてね。

B : へえ、そんなのやっているんだ。箱根なら、温泉が有名だから、イベン
トまでしなくても観光客は多そうなのにね。ファンの人も、わざわざ箱
根まで（⑤　　　　　）のは大変じゃない？

A : あー、まだ分かってないな。ファンにとっては、作品の舞台を
（⑥　　　　）ことに意味があるんだよ。

B : ああ、そうですか…。

A : アニメやマンガで（⑦　　　　　　）町おこしをしている都市はけっ
こう多いんだよ。その土地に行って作品の舞台をこの目で見られるし、
他のファンと交流できるのも（⑧　　　　　）だしね。

B : へえ、ちょっとオタクっぽい世界ね。でも、そのお陰で地域が
（⑨　　　　）すれば、お互いにとって良いことよね。

A : ひどいな、オタクじゃないよ。現地に行って作品との（⑩　　　　　）
を感じる喜びが分からないのかな。

B : だから、それがオタクっぽいって言ってるのに。

6 フリーター
프리터

여러분은 어떤 장소에서 어떻게 일을 하고 싶습니까? 일본에서 말하는 「フリーター」나 「ニート」란 어떤 사람들을 가리키는 말일까요? 그리고 비정규직 고용자가 증가함에 따라서, 사회에는 어떤 문제가 일어날까요?

주요문형

〜と相まって / 〜を余儀なくされる / 〜にもまして / 〜はさておき

「フリーター」という言葉が使われるようになったのは、80年代の中頃からです。当初、フリーターは、自由を楽しみながら経済的に自立しようとする若者を指す言葉でしたが、安定的ではない生活スタイルや長引く不況と相まって、そのイメージは否定的なものへと変化してきました。バブル経済崩壊後、企業はコスト削減のために正社員の採用を減らし、給料の安い非正規社員を多く採用するようになりました。そのため、正社員になりたくてもなれず、非正規社員になることを余儀なくされる人が増え、フリーターの数が急増しました。

　一方で、正社員になれないからではなく、自分で選んでフリーターになる人も多くいます。自分の夢を実現するまで一時的にフリーターになるという人もいますし、学校を卒業しても、どんな仕事がしたいのかはっきり分からないため、とりあえずフリーターとして生活するという人もいます。若いうちは自分の好きなことを探したり、夢を叶えるために時間を使ったりするのも悪くないでしょう。しかし、非正規社員は、正社員に比べて給料が安く、雇用が不安定な上、技術職や専門職に就くのが難しいというのが現状です。心血を注いで業務をこなし、その仕事が板についたとしても、契約が切れると、また次の仕事を探さなければなりません。しかも、次の仕事がすぐに見つかるかどうかは分かりませんし、前の仕事で培ってきたスキルを活かせるとも限りません。また、年齢が高くなると、若い頃にもまして正社員の仕事は見つかりにくくなります。

　正社員になりたくてもなれないという場合はさておき、近年は、最初から仕事を探そうとしない「*ニート」も増えて問題になっています。ニートとは、イギリスで作られた言葉で、教育・雇用・職業訓練のいずれにも参加していない若者を指します。「毎日会社に行くのは面倒だ」、「仕事をする自信がない」、「親に養っ

てもらえばいい」などと考えて仕事をしようとしない若者に対して、どう対応していくべきでしょうか。家庭の中だけでなく、国家レベルでニート問題に取り組んでいくことが求められます。

＊ニート：NEET(Not in Education, Employment or Training)

독해문제

1 フリーターは、元々どんな意味の言葉でしたか。
→ _____

2 なぜフリーターの数が増加しましたか。
→ _____

3 自分で選んでフリーターになる人はどんな人たちですか。
→ _____

4 非正規社員は、正社員に比べてどのような点が不利ですか。
→ _____

5 ニートはなぜ仕事を探そうとしないのですか。
→ _____

단어 및 표현

- 中頃 중간쯤 되는 때, 중순
- 長引く 길어지다, 지연되다
- バブル経済 버블 경제
- 正社員 정규사원
- 急増する 급증하다
- とりあえず 우선, 일단
- 雇用 고용
- 心血を注ぐ 심혈을 기울이다
- 板につく 능숙하다
- 培う 능력을 기르다
- いずれ 어느 것

- 当初 당초
- 不況 불황
- 崩壊 붕괴
- 採用 채용
- 実現する 실현하다
- 夢を叶える 꿈을 이루다
- ～上 ~한 데다가
- 業務 업무
- 契約が切れる 계약이 다 되다
- ～とも限らない ~하다고도 할 수 없다
- 面倒 귀찮음

- 自立する 자립하다
- 否定的 부정적
- コスト削減 비용삭감
- 非正規社員 비정규사원
- 一時的に 일시적으로
- ～に比べて ~에 비해
- 就く 취업하다
- こなす (일 등을) 처리하다, 해치우다
- 仕事が見つかる 일자리가 찾아지다
- 職業訓練 직업훈련
- 養う 부양하다

문형연습

1 〜と相（あい）まって

~와 맞물려서, ~와 더불어

어떤 사항에 다른 사항이 더해져, 그 양쪽이 서로 영향을 받아 한층 더 큰 효과를 낳는다고 할 때 사용한다.

- 今回の地震（じしん）の被害（ひがい）は、大雨（おおあめ）と相（あい）まって、過去最悪（さいあく）になりました。
- 日本語の学習者数（すう）は、日本の経済成長（けいざいせいちょう）やアニメの人気と相まって、80年代から急激（きゅうげき）に増加（ぞうか）しました。
- 彼女は美しいだけでなく、内面（ないめん）から出る知性（ちせい）や自信と相まって、ますます魅力的（みりょくてき）に見えます。

2 〜を余儀（よぎ）なくされる

어쩔 수 없이 ~하게 되다

본인의 힘으로는 어떻게 할 수도 없고, 어쩔 수 없이 그렇게 해야 한다고 할 때 사용한다. 행위를 나타내는 명사에 접속한다.

- 父は、祖父（そふ）の経営していた会社の経営状況（じょうきょう）が悪くなり、大学進学（しんがく）を諦（あきら）めることを余儀（よぎ）なくされたそうだ。
- 家族を養（やしな）うために、過酷（かこく）な労働（ろうどう）を余儀なくされている人々が多くいる。
- 昨年の赤字（あかじ）の責任（せきにん）を取って、社長は辞任（じにん）を余儀なくされた。

 단어 및 표현

- ☐ 被害（ひがい） 피해
- ☐ 急激（きゅうげき）に 급격하게
- ☐ 内面（ないめん） 내면
- ☐ 知性（ちせい） 지성
- ☐ 過酷（かこく）な 가혹한
- ☐ 赤字（あかじ） 적자
- ☐ 責任（せきにん）を取（と）る 책임을 지다
- ☐ 辞任（じにん） 사임

❸ ～にもまして　　　　　　　　　　　　　　　　　　　　　　　～보다 더

'～도 그렇지만 그 이상으로'라고 할 때 사용한다. 의문사에 붙는 경우에는 '무엇보다도, 누구보다도, 어느 곳 보다도' 등의 의미가 된다.

・彼は、試験の合格を目指して誰にもましてよく努力した。
・仕事にもまして今、考えなければならないのは、一人暮らしの母のことだ。
・何にもまして重要なのは、自分の力を精一杯発揮することだ。

❹ ～はさておき　　　　　　　　　　　　　　　　　　　～은 제쳐 놓고, ～은 차치하고

'～은 생각하지 않고 …을 생각한다'라고 할 때 사용한다.

・その仕事はさておき、今は明日の会議の準備をしよう。
・誰の責任であるかはさておき、まずはお客様にお詫びしなければならないだろう。
・どのパソコンを買うかはさておき、まずはお金を貯めなければならない。

- 目指す 목표로 하다
- 一人暮らし 혼자 삶
- 精一杯 있는 힘껏
- 発揮する 발휘하다
- お詫びする 사죄드리다
- 貯める 돈을 모으다

연습문제

1 文型

1 ____ の中の言葉を入れて文を完成させなさい。

　　と相まって　　を余儀なくされる　　にもまして　　はさておき

❶ 年齢が高くなると、若い頃（　　　　　　）正社員の仕事は見つかりにくくなります。

❷ 正社員になれない場合（　　　　　　）、仕事をしたがらない「ニート」も増えています。

❸ 非正規社員になること（　　　　　　）人が増えています。

❹ フリーターのイメージは、安定的ではない生活スタイルや不況（　　　　　　）否定的なものになっています。

2 ____ の中の言葉と（　）の言葉を使って、文を完成させなさい。

　　～と相まって　　～を余儀なくされる　　～にもまして　　～はさておき

❶ 子供を（産むかどうか→　　　　　　　　　　）、結婚はした方がいい。

❷ K-POPは少女時代やKARAの（活躍→　　　　　　　　　）、世界的に有名になっている。

❸ 去年入院した時は食事が禁止され、点滴だけの（生活→　　　　　　）。

❹ 就職する時に、（英語力→　　　　　　　）求められるのは、コミュニケーション力だ。

2 言葉の使い方

1 ＿＿＿の中の言葉を一つ選んで、適当な形にして＿＿＿＿に書きなさい。

❶ その社員は、以前はミスが多かったが、最近では仕事も＿＿＿＿ようで、安心して仕事が任せられる。

❷ 彼は新しく担当になった仕事も、仲間と協力してうまく＿＿＿＿いる。

❸ 半年もの間、＿＿＿＿取り組んできた研究の成果が、世間にも評価された。

❹ 30代の＿＿＿＿から、仕事で無理をすると、疲れがたまりやすくなった。

❺ これまで＿＿＿＿きた友情は、そう簡単には壊れない。

　　　当初　　培う　　板につく　　こなす　　中頃　　心血を注ぐ

2 次の言葉を使って短文を作りなさい。

❶ 세계적으로 불황이 길어져 취직이 어려워지고 있습니다. （不況、長引く、就職）

　→ ＿＿＿＿＿＿＿＿＿＿＿＿＿＿＿＿＿＿＿＿＿＿＿＿＿

❷ 기업은 비용을 삭감하기 위해서 정규사원의 수를 줄이기로 했습니다.
（コストを削減する、減らす）

　→ ＿＿＿＿＿＿＿＿＿＿＿＿＿＿＿＿＿＿＿＿＿＿＿＿＿

❸ 주어진 업무를 처리하는 것뿐인 나날은 시시합니다. （業務、こなす）

　→ ＿＿＿＿＿＿＿＿＿＿＿＿＿＿＿＿＿＿＿＿＿＿＿＿＿

❹ 교육・고용・직업훈련에 참가하고 있지 않은 젊은이를 니트라고 부릅니다.
（雇用、職業訓練）

　→ ＿＿＿＿＿＿＿＿＿＿＿＿＿＿＿＿＿＿＿＿＿＿＿＿＿

다음은 본문과 관련된 회화입니다. 들으면서 빈칸을 채우세요.

A：フリーターっていいよな。自由に時間が使えるし、仕事もそんなに厳しくなさそうだし。

B：え？ 私は反対だな…ただでさえ（①　　　　）で大変なのに、フリーターは生活が安定してないし、将来が心配だよ。

A：でも、若い時は仕事以外にもやりたいことがたくさんあるし、夢を（②　　　　）ためにも、いいと思うんだよね。

B：（③　　　　）フリーターになるのは、そんなに悪くないと思うけど、就職したいと思っても、今は（④　　　　）の機会も少ないし、すぐに（⑤　　　　）してもらえるか分からない時代だから、若いうちから（⑥　　　　　　）になっておいた方が安心な気がする。

A：お前はいつも現実的だな。結婚して家族を（⑦　　　　　　）いけなくなったら、好きなことばかりしていられなくなるんだから。20代の頃はやりたいことをやってみてもいいじゃん。

B：そんなの、私だって分かっているわよ。でも、ずっと（⑧　　　　）社員のままで、安定した仕事が見つからなかったら不安じゃない。

A：本当はあまりやりたいと思えない（⑨　　　　）を、お金をもらうために毎日（⑩　　　　　　）いけない人生より、好きなことをした方が俺はいいと思うけどな。

B：まあね。何が幸せな生き方かって、一言では言えない世の中だからね。

7 国際結婚(こくさいけっこん) 국제결혼

여러분 주위에 국제결혼을 한 부부가 있습니까? 국제결혼에 동반되는 문제점은 무엇일까요? 또한 다문화공생은 어떻게 실현할 수 있다고 생각합니까?

주요문형

〜をめぐる / 〜とはいえ / 〜どころか / 〜次第で

본문

近年、国際結婚をめぐる多文化共生のあり方が議論されています。韓国統計庁の資料によると、2009年の結婚件数の10.8％が国際結婚で、毎年３万件以上の国際カップルが誕生しているそうです。こうした国際結婚は、非婚化・晩婚化による少子化問題などを解決するための糸口となる可能性もあります。しかし一方で、言語・文化・宗教など、育った環境の違う二人が家族となり、地域社会に適応して生活していくためには、乗り越えなければならない問題点も数多くあります。外国人を受け入れるために、私たちはどのような準備をする必要があるでしょうか。

韓国の国際結婚の75％以上は、韓国人男性と外国人女性との結婚です。それが急増したきっかけは、農村部の嫁不足を解決するために、政府が国際結婚を勧めたことでした。女性の出身国は、中国、ベトナム、フィリピン、カンボジアなど、アジアの国々が中心です。

しかし、結婚を決めて韓国に来たとはいえ、初めから韓国語を上手に話せる外国人女性はあまり多くありません。そのため、まずはコミュニケーションが大きな問題となります。彼女たちを受け入れる韓国社会も、これまで単一民族国家としての意識が強かったため、外国人との多文化共生に慣れていません。言語的・文化的な違いを認め合えず離婚してしまうケースは、韓国人同士のカップルより、国際結婚のカップルの方がはるかに多いそうです。また、国際結婚の家庭では、離婚どころか、殺人事件にまで発展することがあり、問題になっています。

このような事態を解決するために、保健福祉家族部や地方自治体は、韓国語教育、文化教育、子育て支援、相談窓口の設置など、様々な支援を行い、外国人

が地域社会に適応できるように努めています。2009年からは、政府も多文化共生社会づくりを国家課題として取り上げるようになりました。外国人女性が、家庭内や地域で寂しい思いをしたり、肩身が狭い思いをしたりしないよう、社会が一丸となってサポートしていかなければなりません。そのサポート次第で、彼女たちも地域社会に適応していくことができるでしょう。真の多文化共生というのは、どちらかが一方的にどちらかに合わせるのではなく、お互いのことを思い合って歩み寄ることなのではないでしょうか。

독해문제

1. 韓国での国際カップルの割合はどれくらいですか。
   → _____

2. 韓国の国際結婚は、韓国人男性と外国人女性のカップルが多いですが、それはなぜですか。
   → _____

3. 韓国社会が外国人女性を受け入れにくい理由とは何ですか。
   → _____

4. 国際結婚の家庭で起こっている問題は何ですか。
   → _____

5. 多文化共生のために、国や自治体はどんな支援を行っていますか。
   → _____

단어 및 표현

- 多文化共生 다문화공생
- 非婚化 비혼(결혼을 하지 않음)화
- 糸口 실마리, 단서
- 農村部 농촌부
- 単一民族国家 단일민족국가
- ～同士 ～끼리
- 事態 사태
- 子育て 육아
- 努める 힘쓰다, 노력하다
- 肩身が狭い 창피하다, 주눅들다
- 歩み寄る 서로 양보하다, 타협하다
- あり方 본연의 모습, 올바른 자세
- 晩婚化 만혼화
- 適応する 적응하다
- 嫁不足 신부 부족
- 慣れる 익숙해지다
- はるかに 훨씬
- 保健福祉家族部 보건복지 가족부
- 支援 지원
- 取り上げる 받아들이다, 채택하다
- 一丸となる 한 덩어리가 되다
- 件数 건수
- 少子化 저출산 현상
- 乗り越える 극복하다, 헤쳐 나가다
- 勧める 권장하다
- 認め合う 서로 인정하다
- 発展する 발전하다
- 地方自治体 지방 자치단체
- 相談窓口 상담 창구
- ～思いをする ～한 마음이 되다
- 真の 진정한

문형연습

❶ 〜をめぐる　　　　　　　　　　　　　　　　　　〜을 둘러싼

어느 의논이나 논쟁에 대해서 어떤 대립관계가 일어나고 있는가를 말할 때 사용한다. 뒤에는 의견의 대립이나 논의, 논쟁 등의 의미를 가진 명사가 오는 경우가 많다.

- あの芸能人の引退をめぐる様々なうわさが出ている。
- 油田資源をめぐる各国の対立が激しくなっている。
- 駅前の再開発をめぐる住民たちの議論は、何ヶ月も続いている。

❷ 〜とはいえ　　　　　　　　　　　　　　　　　　〜라고는 해도

「〜」에서 받는 인상이나 특징의 일부를 부정하고, 사실을 설명할 때 사용한다. 뒤에는 말하는 사람의 의견이나 판단 등이 이어지는 경우가 많다.

- いくら病気だったとはいえ、連絡もせずに欠席するのは良くない。
- 同僚とはいえ、彼とは今までほとんど口をきいたことがない。
- 仲が良い友人とはいえ、黙って部屋に上がりこむのは失礼だ。

 단어 및 표현

- ☐ 芸能人 연예인
- ☐ 油田 유전
- ☐ 資源 자원
- ☐ 再開発 재개발
- ☐ 口をきく 말하다
- ☐ 上がりこむ 거리낌없이 들어가다

❸ 〜どころか

〜는커녕, 〜는 물론이거니와

「〜どころか…も(まで・さえ)」의 형태로 사용된다. '〜는 물론, …(좀더 정도가 심한 것)도 그렇다' 또는 '〜는 물론 …(좀더 정도가 가벼운 것)도 그렇지 않다'라는 의미로 쓰인다.

- 彼は両親の仕事を手伝うどころか、学校へも行かずに遊んでばかりいる。
- 姉は語学が堪能で、英語どころかタイ語やトルコ語まで話せる。
- あの子は、病気がちで長い間学校に行けなかったため、掛け算どころか足し算や引き算さえ危うい。

❹ 〜次第で

〜에 따라서

'〜에 대응해서 뭔가가 변한다, 어떤 것을 결정한다'라고 할 때 사용한다. 「〜によって」「〜いかんで」와 의미나 사용법은 같지만, 「〜によって」보다 딱딱한 표현이고 「〜いかんで」보다는 일반적으로 사용된다.

- このプロジェクトが成功するかどうかは、彼の努力次第だ。
- 部屋の雰囲気は、照明次第で大きく変わる。
- 料理は、同じ材料を使っても、作り方次第でおいしくもまずくもなる。

단어 및 표현

- 堪能 뛰어남, 아주 능함
- 掛け算 곱셈
- 足し算 덧셈
- 引き算 뺄셈
- 危うい 걱정되다, 위태롭다
- 照明 조명

연습문제

① 文型

1 ☐ の中の言葉を入れて文を完成させなさい。

　　をめぐる　　とはいえ　　どころか　　次第で

❶ 国際結婚の家庭では、離婚（　　　　　）殺人事件にまで発展することがあります。

❷ 国際結婚（　　　　　）多文化共生のあり方が議論されています。

❸ 韓国社会のサポート（　　　　　）外国人女性も地域社会に適応していくことができるでしょう。

❹ 韓国に来た（　　　　　）、初めから上手な韓国語は話せません。

2 ☐ の中の言葉と（　）の言葉を使って、文を完成させなさい。

　　～をめぐる　　～とはいえ　　～どころか　　～次第で

❶ （服装や化粧→　　　　　　　　　　）、その人の第一印象は変わる。

❷ 兄は先月の健康診断で飲みすぎを注意されたが、（禁酒する→　　　　　　　）最近はますます飲む量が増えている。

❸ （20歳になった→　　　　　　　　　）、大学生のうちはまだ一人前の大人だとは言えない。

❹ 息子の（将来→　　　　　　　）両親の意見は対立している。

7 国際結婚 국제결혼

❷ 言葉の使い方

1 　　　　の中の言葉を一つ選んで、適当な形にして＿＿＿＿に書きなさい。

❶ ケンカがお互いをよく知るための＿＿＿＿となることもあります。

❷ 母は用件だけ話すと、＿＿＿＿電話を切ってしまいました。

❸ この会社はこれまでも大きな問題をいくつも＿＿＿＿、ここまで成長してきました。

❹ 賛成の人も反対の人も、両者が＿＿＿＿良い決断をしなければなりません。

❺ 私たちが＿＿＿＿努力すれば、この仕事は必ず成功します。

　　一丸となる　歩み寄る　勧める　糸口　乗り越える　一方的に

2 次の言葉を使って短文を作りなさい。

❶ 외국에서의 생활에 적응하기 위해서는 현지 사람들의 지원이 필요합니다.
（適応する、現地の人々、支援）

→ ＿＿＿＿＿＿＿＿＿＿＿＿＿＿＿＿＿＿＿＿＿＿＿＿＿＿＿＿

❷ 다문화공생은 서로의 차이를 서로 인정하고 타협하는 것부터 시작됩니다.
（多文化共生、違い、認め合う、歩み寄る）

→ ＿＿＿＿＿＿＿＿＿＿＿＿＿＿＿＿＿＿＿＿＿＿＿＿＿＿＿＿

❸ 최근은 불경기로 일자리가 찾아지지 않는 젊은이가 급증하고 있다. （不景気、急増する）

→ ＿＿＿＿＿＿＿＿＿＿＿＿＿＿＿＿＿＿＿＿＿＿＿＿＿＿＿＿

❹ 이달 들어 이러한 사태가 몇 번이나 뉴스에서 거론되고 있습니다. （事態、取り上げる）

→ ＿＿＿＿＿＿＿＿＿＿＿＿＿＿＿＿＿＿＿＿＿＿＿＿＿＿＿＿

다음은 본문과 관련된 회화입니다. 들으면서 빈칸을 채우세요.

A：ねえ、このグラフ見て。韓国の離婚（①　　　　）が最近（②　　　　　）しているんだって。

B：本当だ。僕の知り合いも先月離婚したって言っていたよ。

A：離婚も問題なんだけど、この記事によると（③　　　　　）や晩婚化も進んでいるらしいの。それで（④　　　　　）も進んでいるんだって。

B：ああ、政府が国際結婚を（⑤　　　　）して、対策に取り組んでいるみたいだけど、実際はどうなのかな？

A：国際結婚が増えることも、解決の（⑥　　　　　）にはなるでしょうね。でも、教育費とかの問題を考えると、経済的な不安が大きいんじゃない？

B：そうだね。2人育てるのってけっこう難しいのかもしれないな。

A：女性が育児をしながら社会復帰できるように、国がもっと（⑦　　　　　）するとか、国と地方（⑧　　　　）が協力して、安い保育園や幼稚園を増やすとか、できないのかな。

B：うん…それは国も考えているんだろうけど、今までの企業の慣習とか社会システムを変えるっていうのは、そう簡単なことではないのかもしれないよ。

A：そうね。企業も（⑨　　　　　）、一緒に現状を（⑩　　　　　）ように努力してほしいわ。

 モンスターペアレント

몬스터 페어런트

'몬스터 페어런트'란 어떤 부모를 말하는 것일까요? 그런 부모들이 요구하는 것에는 어떤 것이 있을까요? 또 몬스터 페어런트가 왜 늘고 있는지 그 이유를 생각해 봅시다.

주요문형

〜がたい / 〜ずにはいられない / 〜といい〜といい / 〜てほしいものだ

본문

　皆さんは、「モンスターペアレント」という言葉を耳にしたことがありますか。モンスターペアレントとは、学校などに対して、自己中心的で理不尽な要求をする親を指す言葉です。90年代後半から日本でもこのような親が増え始め、教育現場では手を焼いています。2008年にはモンスターペアレントをテーマにしたテレビドラマも制作され、話題となりました。

　モンスターペアレントの要求は、どれも常識を超えたものばかりです。例えば、自分の子供がリレーの選手に選ばれないのは不公平だとクレームを付けたり、子供が遅刻しがちなことを教師のせいにして、担任が家まで迎えに来るべきだ、などと信じがたい要求をしたりします。このような親が増えている理由は、教師を尊敬する気持ちが薄くなっている上に、「言ったもん勝ち」という風潮も強まっているためだそうです。モンスターペアレントは、「同じ値段を払えば、同じ商品が手に入る」という消費者意識で教育をサービスだと考えているため、自分の子供が学校で他の子供より「損」な待遇を受けることに我慢ができないのです。近年では、モンスターペアレントの子供が、モンスターチルドレンやモンスター大学生となって、新たな問題を起こしています。自分の責任は棚に上げ、権利や要求だけを主張する親を見て育った子供たちが、同じような振る舞いをするのでしょう。

　一方、アメリカでは、子離れできていない過保護・過干渉の親を指す言葉として、「ヘリコプターペアレント」という言葉があります。まるでヘリコプターに乗って上空から子供を見守り、何かあるとすぐに子供を救出しようとするような様子から、この名前が付きました。日本のモンスターペアレントは、幼稚園や小学校などの初等教育の場に多く見られますが、ヘリコプターペアレ

ントは子供が大学生になっても、我が子の行動に口を挟まずにはいられず、就職試験にまで付き添うそうです。近年では、韓国でも少子化の影響で過保護・過干渉な親が増えているようです。親が子供の入学試験に付き添ったり、大学の教師に子供の成績を上げるよう要求したりするなど、ヘリコプターペアレント化する傾向があります。
　モンスターペアレントといい、ヘリコプターペアレントといい、子供の幸せを願っての行動ではあるものの、それが周りの人に無理を強いていることに気づいてほしいものです。

독해문제

1. モンスターペアレントとは、どのような親ですか。
   → _____

2. どうしてモンスターペアレントが増加していますか。
   → _____

3. 「ヘリコプターペアレント」の名前の由来は何ですか。
   → _____

4. モンスターペアレントとヘリコプターペアレントの違いは何ですか。
   → _____

5. 韓国の親はどのような傾向がありますか。
   → _____

단어 및 표현

- モンスター 몬스터, 괴물
- 自己中心的な 자기중심적인
- 制作する 제작하다
- クレームを付ける 클레임을 걸다, 트집잡다
- 尊敬する 존경하다
- 強まる 강해지다, 높아지다
- 我慢 참음, 인내
- 権利 권리
- 子離れ 자식을 자립시킴
- 上空 상공
- 初等教育 초등교육
- 付き添う 곁에 따르다, 따라가다

- ペアレント 페어런트, 부모
- 理不尽な 도리에 맞지 않는, 불합리한
- 常識 상식
- 言ったもん勝ち 말한 사람이 이김
- 損 손해
- 新たな 새로운
- 主張する 주장하다
- 過保護 과보호
- 見守る 지켜보다, 주시하다
- 我が子 자기 자식
- 傾向 경향

- 耳にする 듣다
- 手を焼く 애먹다, 속썩이다
- 不公平 불공평함
- 〜がちだ 자주 〜하다
- 風潮 풍조
- 待遇を受ける 대우를 받다
- 棚に上げる 문제삼지 않다, 제쳐놓다
- 振る舞い 행동
- 過干渉 지나친 간섭
- 救出する 구출하다
- 口を挟む 말참견을 하다
- 強いる 강요하다

문형연습

① 〜がたい　　　　　　　　　　　　　〜하기 어렵다

'〜하는 것은 어렵다, 불가능하다'라고 할 때 사용한다. 「信じる・許す・想像する・理解する・受け入れる」 등의 동사와 함께 쓰일 때가 많다. 능력적으로 어렵다고 할 때에는 사용할 수 없다.

- 教師が子供にそんなことを言うなんて、理解しがたい。
- どんな理由があったとしても、子供にけがをさせるのは、許しがたい行為です。
- 明日までに資料を準備してほしいという彼の要求は、受け入れがたいものだった。

② 〜ずにはいられない　　　　　　　　〜하지 않을 수는 없다

'〜하지 않고서는 있을 수 없다'라고 할 때 사용한다. '〜하고 싶다'라는 기분을 억누를 수 없을 때, 또는 신체적으로 아무리 해도 참을 수 없는 경우에 쓴다.

- あまりにもひどい対応をされて、文句を言わずにはいられなかった。
- 石井さんは、イライラすると煙草を吸わずにはいられないようだ。
- どんな親でも、我が子の幸せを願わずにはいられないものだ。

 단어 및 표현

- □ けがをさせる 상처를 입히다
- □ 資料 자료
- □ 文句を言う 불평을 말하다
- □ イライラする 초조하다
- □ 煙草を吸う 담배를 피우다
- □ 〜ものだ 〜하기 마련이다

❸ 〜といい〜といい　　　　　　　　　　　　〜이며 〜이며, 〜도 〜도

어떤 일에 대해 몇 가지 예를 들어 '〜도 〜도 (어떤 점에서 봐도) …다'라고 할 때 사용한다.

- 顔が丸いところといい口が大きいところといい、娘は私にそっくりです。
- 語彙の豊富さといい文章の構成といい、この学生の作文はすばらしい。
- 週末に出勤しなければならないことといい、残業が多いことといい、この会社はあまり良い条件ではない。

❹ 〜てほしいものだ　　　　　　　　　　　　　　〜했으면 한다

'〜했으면 좋겠다'라는 다른 사람에 대한 강한 바람을 나타내는 표현이다. 「何とかして」와 함께 자주 쓰인다.

- 娘には、早く結婚して安定した暮らしをしてほしいものです。
- 弟には、何とかして希望の大学に合格してほしいものです。
- 被災地が早く復興してほしいものだと日本中が願っている。

 단어 및 표현

- ☐ 語彙 어휘
- ☐ 豊富さ 풍부함
- ☐ 構成 구성
- ☐ 暮らし 생활
- ☐ 被災地 재해지역
- ☐ 復興する 부흥하다, 복구되다

연습문제

1 文型

1 ＿＿＿の中の言葉を入れて文を完成させなさい。

　　　　がたい　　にはいられない　　といい　　ほしいものだ

❶ モンスターペアレント（　　　　　）、ヘリコプターペアレントといい、周りの人に無理を強いていることに気づいていない親が多い。

❷ 他の人に迷惑をかけているということに気づいて（　　　　　　）。

❸ モンスターペアレントは教師に信じ（　　　　　　）要求をする。

❹ ヘリコプターペアレントは、我が子の行動に口を挟まず（　　　　　　）。

2 ＿＿＿の中の言葉と（　）の言葉を使って、文を完成させなさい。

　　　～がたい　～ずにはいられない　～といい～といい　～てほしいものだ

❶ その話を聞いてあまりにも驚いたので、帰ってから母に
（話す→　　　　　　　　　　　　）。

❷ 外国でそんなひどい事件にあうなんて、（耐える→　　　　　　　　）ことだ。

❸ 子供たちが安心して生活できる町を（作る→　　　　　　　　　　）と思う。

❹ 彼の（話し方→　　　　　　　　）態度といい、私達を馬鹿にしているとしか思えない。

2 言葉の使い方

1　⬚⬚⬚の中の言葉を一つ選んで、適当な形にして＿＿＿＿に書きなさい。

❶ 教育をテーマにした映画が来年＿＿＿＿そうです。

❷ 課長は、他人の問題に何でも＿＿＿＿たがるので面倒（めんどう）です。

❸ 母が入院している間、私も病院に＿＿＿＿いました。

❹ 疲れている時は、誰でも思わぬミスをし＿＿＿＿です。

❺ 課長は自分のミスを＿＿＿＿て、部下をしかりました。

　　口を挟む　　がち　　制作する　　棚に上げる　　強いる　　付き添う

2　次の言葉を使って短文を作りなさい。

❶ 그는 언제나 자기중심적인 행동을 취해서 팀의 분위기를 어지럽히는 경향이 있습니다.
（自己中心的（じこちゅうしんてき）な、雰囲気（ふんいき）、傾向（けいこう））

→ ＿＿＿＿＿＿＿＿＿＿＿＿＿＿＿＿＿＿＿＿＿＿＿＿＿＿＿＿＿

❷ 요즘은 아이의 응석을 받아주기만 해서 예절교육에 애먹는 부모가 많습니다.
（甘（あま）やかす、しつけ、手（て）を焼（や）く）

→ ＿＿＿＿＿＿＿＿＿＿＿＿＿＿＿＿＿＿＿＿＿＿＿＿＿＿＿＿＿

❸ 그녀는 불공평한 대우를 받아서 회사를 고소했다. （不公平（ふこうへい）な、待遇（たいぐう）を受（う）ける、告訴（こくそ）する）

→ ＿＿＿＿＿＿＿＿＿＿＿＿＿＿＿＿＿＿＿＿＿＿＿＿＿＿＿＿＿

❹ 소비자의 클레임에 대응하는 것은 힘든 일이다. （消費者（しょうひしゃ）、クレーム、大変（たいへん）な）

→ ＿＿＿＿＿＿＿＿＿＿＿＿＿＿＿＿＿＿＿＿＿＿＿＿＿＿＿＿＿

다음은 본문과 관련된 회화입니다. 들으면서 빈칸을 채우세요.

A：昨日、息子の学校のPTA総会に行って来たんですけど、最近の親ってすごいですね。先生方に（①　　　　　）要求をバンバン出しちゃって、びっくりしましたよ。

B：へえ、そうだったんですか。最近はどこでも自分の（②　　　　　）だけを（③　　　　　）人が増えていますからね。先生方も大変でしょうね。

A：そうですね。何でもとりあえずは言ってみるっていう（④　　　　　）がありますよね。

B：言ったもん勝ちですね。

A：ええ、それで（⑤　　　　　）や家庭の問題は（⑥　　　　　）、何でも学校や人のせいにしちゃうとかも。

B：（⑦　　　　　）の影響で、親の愛情が一人の子に集中しているせいでしょうかね。

A：確かに一人っ子は甘やかされますからね。

B：自分の子供が他の子より（⑧　　　　）をしたら困るっていう考えがあるのかもしれないですね。

A：でも、あんまり（⑨　　　　　）になったら、将来子供が困ると思うんですよね。自分のことを何も考えたり決めたりできない大人になったら、かわいそうですよ。

B：ええ、いつまでも自立できなくなりそうですね。親の方も（⑩　　　　　）できないでしょうし。

A：親は気づかぬうちにそれを望んでいるのかもしれませんけどね。

⑨ 樋口一葉
ひぐちいちよう
히구치 이치요

일본의 5천 엔 지폐의 '얼굴'은 메이지(明治)시대의 여류작가 히구치 이치요입니다.
고작 24세의 나이로 죽은 그녀는 그 짧은 인생 동안 수많은 명작을 세상에 남겼습니다.
히구치 이치요의 생애에 대해서 읽어 봅시다.

주요문형

~ようにも~ない / ~たら最後 / ~ことか / ~ことなく

2004年に日本の紙幣のデザインが一新されました。中でも話題をさらったのが、新しく五千円札の「顔」となった樋口一葉でした。日本銀行が発行する紙幣に女性の肖像が採用されたのは、これが初めてです。女性文化人の代表として採用された彼女ですが、日本人でも、「樋口一葉の顔がいまいち思い浮かばない」という人は多かったようです。これには、彼女が24歳という若さでこの世を去った、短命の女流作家であるということも関係しているのでしょう。

樋口一葉は1872年、東京で生まれました。幼い頃から読書が好きな少女で、学校での成績も優秀だったそうです。早くから古典文学や*和歌を学んだことが、のちの創作にも活かされています。

一葉が17歳の時に父が亡くなると、生活が苦しくなり、家計は火の車になりました。当時、女性ができる仕事は少なく、お金を稼ごうにも稼げません。そんな時、彼女が思いついたのが、小説を書くことでした。

「一葉」というペンネームは、一枚の葉に乗って中国の長江を渡るダルマの絵にヒントを得たことが由来だといわれています。「足」がないダルマと、貧乏で「*お銭」がない自分をかけたのです。また、うまくいかない自分の人生を、頼りなく漂う葉の船にたとえたという説もあります。お金がなくて苦労した一葉が、今では紙幣のシンボルとなっているというのも、なんとも不思議な話です。

彼女の代表作である『たけくらべ』は、当時の東京に生きる子供たちの社会を背景に、思春期の少女と少年の淡い恋を描いた作品です。一葉はこの作品で*森鷗外や*幸田露伴といった有名な作家からも高い評価を得ました。他にも、『うつせみ』『にごりえ』などの作品を世に出しますが、若くして結核にかかってしまいます。当時、結核は、かかったら最後、どんなに手を尽くしても治らな

い「死の病」と恐れられていました。そして、一葉は24年の短い生涯を閉じたのでした。

　一葉が作家として活動した期間はわずか1年ほどでした。もっと長生きしていたら、どれほど多くの名作が生み出されていたことかと、悔やむ人も大勢います。しかし、彼女が残した作品は今でも愛され続けています。苦しい生活の中でも意志を曲げることなく、文筆活動に打ち込んだ彼女の才能と情熱が、人々の心を動かしているのでしょう。

＊和歌：31音を定型とする日本の短歌。
＊お銭：お金のこと。お足とも表記する。
＊森鴎外(1862〜1922)：小説家。代表作は『舞姫』『雁』『高瀬舟』など。
＊幸田露伴(1867〜1947)：小説家。代表作は『風流仏』『五重塔』『運命』など。

독해문제

1. 日本の紙幣が新しくなった時、樋口一葉が話題をさらったのはなぜですか。
   →

2. 一葉が作家として活動し始めたきっかけは何ですか。
   →

3. 一葉というペンネームはどのように付けられましたか。
   →

4. 結核が「死の病」と呼ばれていたのはなぜですか。
   →

5. 樋口一葉の作品が今でも愛され続けている理由は何ですか。
   →

단어 및 표현

- 紙幣 지폐
- 肖像 초상
- この世を去る 이 세상을 뜨다
- 優秀 우수함
- 創作 창작
- 家計 가계, 살림살이
- ヒントを得る 힌트를 얻다
- かける 두 가지 뜻을 가지게 하다
- 背景 배경
- 世に出す 세상에 내놓다
- 手を尽くす 온갖 수단을 쓰다
- 生涯を閉じる 생애를 마치다
- 悔やむ 애석하다
- 打ち込む 전념하다, 몰두하다

- 一新する 일신하다, 아주 새로워지다
- いまいち 조금 부족한 모양
- 短命 단명
- 早くから 일찍이, 오래 전부터
- 活かす 살리다
- 火の車 살림이 매우 쪼들림
- 由来 유래
- 漂う 떠다니다, 떠돌다
- 思春期 사춘기
- 若くして 젊은 나이에, 젊은데도
- 死の病 죽음의 병
- わずか 고작, 불과
- 意志を曲げる 의지를 굽히다
- 才能 재능

- 話題をさらう 화제를 휩쓸다
- 思い浮かぶ 떠오르다, 생각나다
- 女流作家 여류작가
- 古典文学 고전문학
- 亡くなる 죽다
- 稼ぐ 수입을 얻다, 벌다
- お銭 돈, 금전
- たとえる 예를 들다, 비유하다
- 淡い 아련하다, 희미하다
- 結核 결핵
- 恐れる 겁내다, 두려워하다
- 長生きする 오래 살다
- 文筆活動 문필활동
- 動かす 움직이다

문형연습

❶ 〜ようにも〜ない   〜하려 해도(할래야) 〜할 수 없다

'〜하려고 해도 뭔가 이유가 있어서 그것이 불가능하다'는 의미를 나타낸다.

- 時間がなくて、説明しようにもできなかったんです。
- 風邪をひいてしまっては、遊びに行こうにも行けないでしょう。
- わなに足を挟まれてしまったウサギは、逃げようにも逃げられない様子だった。

❷ 〜たら最後   일단 〜했다 하면

'만약 〜와 같은 일이 일어난다면 절망적인 결과가 된다'는 것을 나타낸다.

- 兄にお金を貸したら最後、絶対に返ってこない。
- この機会を逃したら最後、二度とこんなチャンスは巡ってこないだろう。
- うわさ好きの彼女に知られたら最後、みんなに言いふらされてしまうよ。

단어 및 표현

- □ わな 덫, 올가미
- □ 逃す 놓치다
- □ 足を挟まれる 발이 끼다
- □ 巡る 돌다, 회전하다
- □ 様子 상황, 형편
- □ 言いふらす 소문을 내다, 선전하다

9 樋口一葉 히구치 이치요

3 〜ことか

(얼마나) 〜했던가

마음속으로 강하게 느낀 일이나 감격한 일을 말할 때 쓰는 표현이다. 「どれほど・どんなに・なんと」 등의 말과 함께 쓰일 때가 많다.

- 事故にあった母が無事だと聞いて、どれほど安心したことか。
- かわいがっていたペットの猫が死んだ時、私がどんなに悲しかったことか。
- 今回の試験は難しいから早くから準備しておいた方がいいと、何度あなたに忠告したことか。

4 〜ことなく

〜하지 않고, 〜하는 일 없이

'평소에는 〜하지만 이 경우에는 〜하지 않고'라는 의미로 문어체적 표현이다. 「〜ないで」「〜ず(に)」와 거의 같은 의미로 쓰인다.

- 舞台に立つと緊張したが、失敗することなく無事に演奏を終えることができた。
- 今度の大会で優勝できたのは、雨の日も風の日も休むことなく練習を続けた成果だ。
- たくさん並んだ箱の中から、彼女は迷うことなく一番大きなものを選んだ。

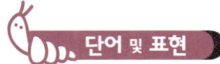 단어 및 표현

- ☐ 事故にあう 사고를 당하다
- ☐ 忠告する 충고하다
- ☐ 緊張する 긴장하다
- ☐ 演奏 연주
- ☐ 成果 성과
- ☐ 迷う 망설이다

연습문제

① 文型

1 ＿＿＿の中の言葉を入れて文を完成させなさい。

> にも　　最後　　ことか　　ことなく

❶ 仕事をしよう（　　　　）できなかったため、小説を書くことにしました。

❷ 苦しい生活の中でも諦める（　　　　）、多くの作品を書き続けました。

❸ 当時は結核にかかったら（　　　　）、治すことはできないと言われていました。

❹ 一葉が長生きしていたら、どれほど多くの名作が生み出されていた（　　　　）と思います。

2 ＿＿＿の中の言葉と（　　）の言葉を使って、文を完成させなさい。

> ～ようにも　　～たら最後　　～ことか　　～ことなく

❶ 道路に座り込む高校生を見て、最近の若者はなんと
（だらしない→　　　　　　　　　　）と、父が怒っていた。

❷ 部長にこのミスが（見つかる→　　　　　　　　　　）、厳しい説教が待っているだろう。

❸ 人生に迷い、立ち止まっている時も、時間は（止まる→　　　　　　　　　　）流れ続けている。

❹ 資金がなければ、ビジネスを（始める→　　　　　　　　　　）始められない。

❷ 言葉の使い方

1 ＿＿＿の中の言葉を一つ選んで、適当な形にして＿＿＿＿に書きなさい。

❶ もしかしたら合格（ごうかく）するのではないかと、＿＿＿＿期待（きたい）を抱（いだ）いている。

❷ 長く続くと思われたブームですが、結果的（けっかてき）には＿＿＿＿に終わりました。

❸ いつもおしゃれな彼女だが、今日の服は＿＿＿＿似合（にあ）っていないようだ。

❹ 給料（きゅうりょう）は上がらないのに物価（ぶっか）は上がる一方で、我（わ）が家（や）の家計（かけい）は年中（ねんじゅう）＿＿＿＿だ。

❺ 私の名前の＿＿＿＿は、歴史上（れきしじょう）の有名な人物（じんぶつ）です。

> いまいち　火の車　短命　由来　淡い　わずか

2 次の言葉を使って短文を作りなさい。

❶ 새로운 스마트폰이 발표되자마자 사람들의 화제를 휩쓸었습니다. （～や否（いな）や、さらう）

　→ ＿＿＿＿＿＿＿＿＿＿＿＿＿＿＿＿＿＿＿＿＿＿

❷ 해외에서 일한 경험을 살려, 앞으로는 국제협력에 대응해 갈 생각입니다.
（活（い）かす、国際協力（こくさいきょうりょく）、取（と）り組（く）む）

　→ ＿＿＿＿＿＿＿＿＿＿＿＿＿＿＿＿＿＿＿＿＿＿

❸ 회의에서 선배가 제안한 새로운 상품의 플랜이 채용되었습니다.
（提案（ていあん）する、商品（しょうひん）、採用（さいよう）する）

　→ ＿＿＿＿＿＿＿＿＿＿＿＿＿＿＿＿＿＿＿＿＿＿

❹ 사춘기의 어린이 마음은 작은 일에도 상처받기 쉬운 법입니다. （思春期（ししゅんき）、傷（きず）つく）

　→ ＿＿＿＿＿＿＿＿＿＿＿＿＿＿＿＿＿＿＿＿＿＿

회화

다음은 본문과 관련된 회화입니다. 들으면서 빈칸을 채우세요.

A：日本のお札の（①　　　　　　　）って、千円札が野口英世、一万円札が福沢諭吉…、あれ？五千円札は誰だっけ？

B：樋口一葉でしょ。

A：あぁ、そうだ。でも、顔や作品がパッと（②　　　　　　　）んだよね。

B：私は彼女の作品、好きよ。『たけくらべ』っていう少女の（③　　　　）恋の話。主人公と同年代の頃に読んだから、すごく共感できたの。

A：へぇ。確か、樋口一葉ってすごく貧乏だったんだよね？

B：そうそう。「一葉」というペンネームも、足がないダルマと、お銭、つまりお金がない自分を（④　　　　）つけたらしいもの。でも、短い（⑤　　　　）の中でたくさんの名作を残した、すばらしい作家よ。

A：彼女は何で（⑥　　　　　　）の？

B：結核よ。昔は、どんなに（⑦　　　　　　　　）治らない病気だといわれていたんだって。

A：（⑧　　　　）のある人が若くして病気で亡くなるなんて、とても（⑨　　　　）ことだね。

B：でも、彼女の作品は今でも多くの人に愛されているのよ。あなたも読んでみたら？

A：じゃあ、僕も（⑩　　　　　　）の気持ちを思い出して、『たけくらべ』でも読んでみようかな。

⑩ ことわざ 속담

일본어에는 옛날부터 전해내려온 속담이 아주 많습니다. 「弘法も筆の誤り」「塞翁が馬」 등 속담이 생겨난 배경에는 각각의 유래나 이야기가 있습니다. 단순히 외우는 것이 아니라 어떤 내막에서 생겨났는지 그 이야기를 안다면 속담에 대한 이해가 한층 깊어질 것입니다.

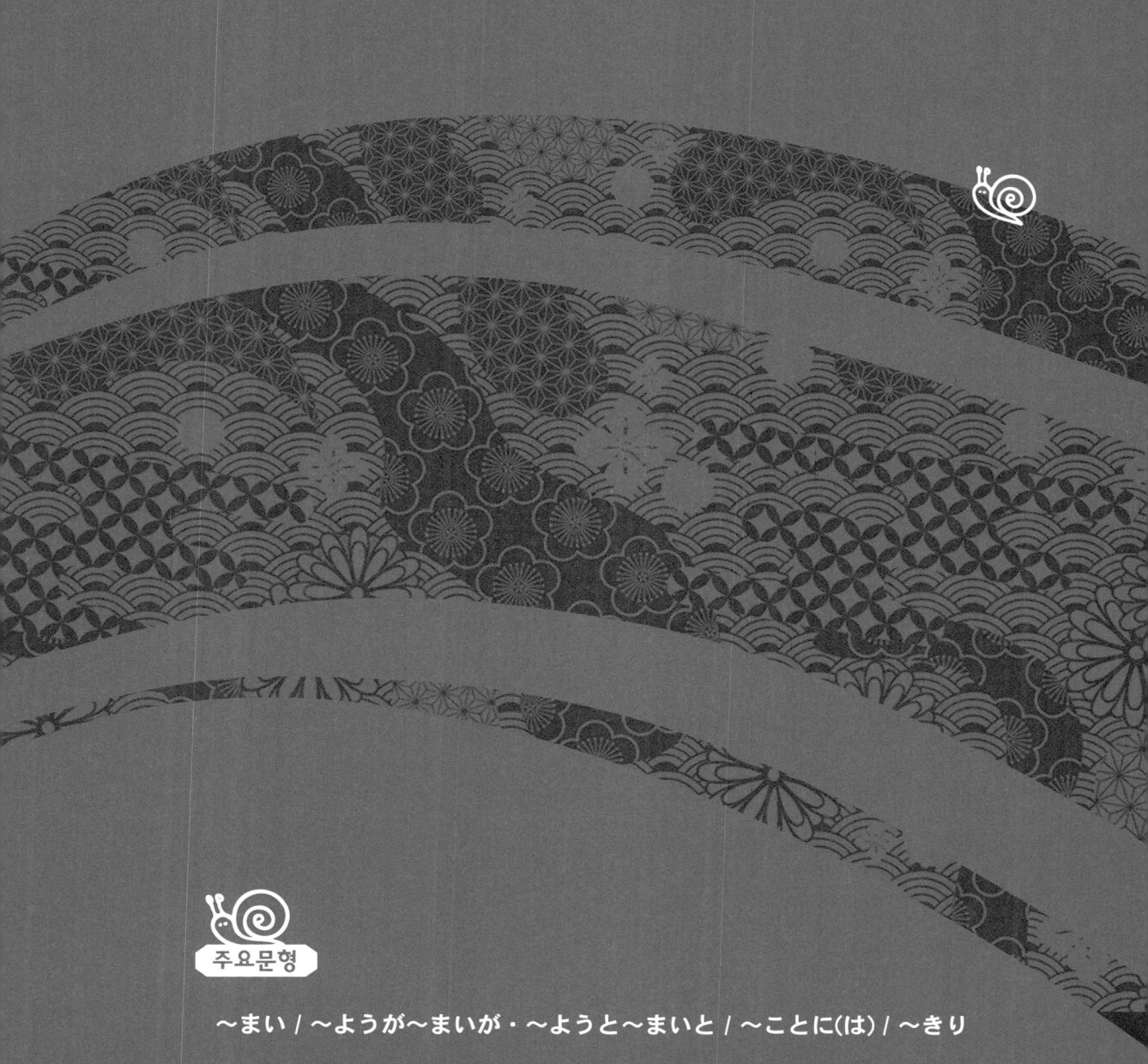

주요문형

〜まい / 〜ようが〜まいが・〜ようと〜まいと / 〜ことに(は) / 〜きり

본문

「弘法も筆の誤り」—弘法とは、弘法大師と呼ばれた*平安時代の僧、空海のことです。空海は「三筆」の一人に挙げられるほどの押しも押されもせぬ書の名人でしたが、天皇の命令で*大内裏応天門の文字を書いた時、「応」の字の点を書き忘れてしまいました。このことから、この人なら失敗するまいと思われるほどの人であっても、思いがけず得意分野で失敗することもある、という意味のことわざが生まれました。「猿も木から落ちる」や「*河童の川流れ」も同じ意味ですが、特に自分より目上の人の失敗をいう場合には「弘法も筆の誤り」を使います。また、同じく空海に由来するもので、「弘法筆を選ばず」ということわざもあります。これは、空海ほどの名人であれば、筆が良いものであろうとあるまいと上手な字を書ける、ということから、その人の技術が優れていれば道具に左右されないという意味です。

「塞翁が馬」—「塞翁が馬」とは、「塞翁(*塞に住むおじいさん)の馬」という意味です。ある日、塞翁の馬が逃げてしまい、人々がなぐさめに行くと、翁は「これが良いことになるかもしれない」と言いました。その言葉通り、逃げた馬はしばらく経ってからもう一頭の素晴らしい馬を連れて帰って来ました。人々は喜びましたが、不思議なことに、翁が今度は「これが悪いことになるかもしれない」と言うのです。すると後日、塞翁の息子が落馬して足を痛めてしまいましたが、これを見た翁は「これがまた良いことになるかもしれない」と言います。次の年に戦争が起こり、健康な若者はみな兵士として戦争に行ったきり戻って来ませんでしたが、翁の息子は足を痛めていたことが幸いし、徴兵を免れて生き延びたのです。よって、「塞翁が馬」とは、幸福や不幸は予想ができないということを表します。「人間万事塞翁が馬」とも言いますが、この「人間」は人ではな

く世間を指しており、「人間万事」とはつまり「この世の中のあらゆること」という意味です。

　どんなに優れた人であっても、人は時には失敗するものです。しかし、失敗したとしても、それが結果として成功につながらないとも限りません。人生は難しいものですが、「笑う門には福来たる」、つまり「いつも笑顔でいる人たちには幸福がやって来る」と信じて、常に笑顔を心がけ、前向きに生きていくことが大切です。

＊平安時代：794年から1192年まで、政権の中心が平安京にあった時代。
＊大内裏応天門：平安京で天皇が住んでいた宮殿の外にあった門。
＊河童：日本の妖怪・伝説上の動物。水泳が上手。
＊塞：昔、本城外の要所に設けた小さな城。

독해문제

1. 空海とはどんな人物ですか。
   → _____

2. 「弘法も筆の誤り」ということわざが生まれた由来は何ですか。
   → _____

3. 「弘法筆を選ばず」は、どのような意味のことわざですか。
   → _____

4. 塞翁の息子のけがが結果的に「良いこと」になったのは、なぜですか。
   → _____

5. 「笑う門には福来たる」は、どのような意味のことわざですか。
   → _____

단어 및 표현

- 誤り 실수, 잘못, 틀림
- 書の名人 글씨의 명인
- 得意分野 잘하는 분야
- 塞 성채, 요새
- 後日 후일, 훗날
- 兵士 병사
- 免れる 면하다, 피하다(まぬかれる로도 읽음)
- 幸福 행복
- 心がける 유의하다
- 僧 승려
- 天皇 천황
- 優れる 뛰어나다
- 翁 남자 노인
- 落馬する 낙마하다
- 幸いする 운좋게 작용하다
- 不幸 불행
- 前向きに 긍정적으로
- 押しも押されもせぬ 확고부동한
- 思いがけず 뜻밖에도
- 左右する 좌우하다
- なぐさめる 위로하다
- 痛める 다치다, 상하다
- 徴兵 징병
- 生き延びる 살아남다, 연명하다
- 人間万事 인간만사

문형연습

❶ ～まい　　　　　　　　　　　　　　　　　　　　　　～하지 않을 것이다

'～는 되지 않을 것이다' '～하지 않을 것이다'라는 말하는 사람의 부정적인 추측을 나타낸다.

- このペースで仕事を続けていても、締め切りまでには到底終わる**まい**。
- 外国人だからどうせ分かる**まい**という態度は、相手にとって失礼です。
- 彼女は頑固だから、いくら彼が謝ったところで、簡単には許してくれ**まい**。

❷ ～ようが～まいが・～ようと～まいと　　　　　　　～하든 안 하든

같은 동사 의지형의 긍정형과 부정형을 이용하여, '설령 ～해도 ～하지 않아도'라는 의미를 나타낸다.

- 彼が賛成し**ようがしまいが**、私は留学に行くつもりだ。
- この占いの結果を信じ**ようと**信じ**まいと**、あなたの勝手です。
- 予定があろ**うと**ある**まいと**、明日のイベントには全員出席しなければなりません。

단어 및 표현

- ☐ 締め切り 마감
- ☐ どうせ 어차피
- ☐ 頑固 완고함
- ☐ 謝る 사과하다
- ☐ 占い 점, 점을 침
- ☐ 勝手 자기 좋을 대로 함

③ 〜ことに(は) 〜하게도

'상당히 〜한 일이지만'이라는 의미로, 말하는 사람이 느낀 것을 강조해서 말한다. 약간 문어체적 표현이다.

- 嬉しいことに、先ほど、大学合格の知らせが届きました。
- 残念なことに、土曜日は出張の予定が入っていて、彼の結婚式に出席することができません。
- 今日の試合の結果ですが、悔しいことに、一点差で負けてしまいました。

④ 〜きり 〜한 채로 (계속)

'〜해서 그대로 계속'이라는 의미이다. 대부분 「〜たきり、…ない」의 형태로 쓰여, 어떤 일을 마지막으로 그 다음으로 예상되는 상황이 일어나지 않는 것을 나타낸다.

- 彼女とは三年前に同窓会で会ったきり、一度も連絡を取っていない。
- 父は近くの店に買い物に行くと言って家を出たきり、何時間経っても戻って来なかった。
- 買ったきりずっと使わずにしまっていたギターが、クローゼットの中から出てきた。

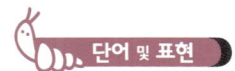 **단어 및 표현**

- 先ほど 아까, 조금 전
- 悔しい 분하다, 억울하다
- クローゼット 옷장, 벽장

연습문제

1 文型

1 ＿＿＿の中の言葉を入れて文を完成させなさい。

まい　　ようと　　ことに　　きり

❶ 成功し（　　　　　）しまいと、前向きに生きていくことが大切です。

❷ 逃げた馬が戻って来たというのに、不思議な（　　　　　）、翁は喜びませんでした。

❸ 絶対に失敗する（　　　　　）と思われるほどの名人でも、たまに失敗することはあります。

❹ 翁の息子以外の若者は、みな戦争に行った（　　　　　）、生きて戻って来ることはありませんでした。

2 ＿＿＿の中の言葉と（　）の言葉を使って、文を完成させなさい。

～まい　　～ようと～まいと　　～ことに　　～きり

❶ 今日は暖かいから雪など（降る→　　　　　　　）と思っていたのに、今、窓の外では大雪が降っている。

❷ 彼は先輩にお金を（借りる→　　　　　　　）、結局一円も返さずに国に帰ってしまった。

❸ 明日はせっかくのクリスマスですが、(空しい→　　　　　　　)、何も予定はありません。

❹ 親からもらったお金を（使う→　　　　　　　）、私の勝手でしょう。

❷ 言葉の使い方

1 _____の中の言葉を一つ選んで、適当な形にして _____ に書きなさい。

❶ 彼はこの問題に対する責任を_____ようと、言い訳を並べたてました。

❷ この賞は、課外活動や学業で_____成績を収めた学生に贈られるものです。

❸ スポーツの試合では、天候が勝敗を_____ことがあります。

❹ 節電のため、こまめに部屋の電気を消すことを_____います。

❺ 母が亡くなってひどく落ち込んでいた時、この音楽に心を_____ました。

なぐさめる　左右する　免れる　優れる　生き延びる　心がける

2 次の言葉を使って短文を作りなさい。

❶ 일본에서 일어난 지진 피해의 크기에 사람들은 상심하고 있습니다.
(地震、被害、心を痛める)

→ _____

❷ 백화점의 양복매장에서 뜻밖에도 초등학교 담임 선생님과 재회했습니다.
(思いがけず、担任)

→ _____

❸ 진정한 예술가란 주위의 비평에 좌우되지 않는 법입니다. (芸術家、批評、左右する)

→ _____

❹ 그는 낙마하여 팔을 골절했기 때문에 징병을 면했습니다. (落馬する、骨折する、徴兵)

→ _____

A：明日香ちゃん。なんだかこのクッキー、全然甘くないんだけど…。
B：え？やだ！私ったら、砂糖を入れ忘れちゃったみたい！ごめんなさい。
A：いいよ、いいよ。「弘法も筆の（①　　　　）」だね。
B：コウボウ…？
A：このことわざ、知らない？とっても書が上手な弘法大師が、ある時、字を間違えて書いてしまったんだ。それで、どんな（②　　　　）でも失敗することはある、って意味。
B：あぁ。「河童の（③　　　　）」と同じ意味なのね。
A：そうそう。泳ぎに（④　　　　）人でも溺れることはあるし、料理が（⑤　　　　）明日香ちゃんでも、砂糖を入れ忘れることはあるってこと。でもこのクッキー、おいしいよ。
B：（⑥　　　　）くれなくても大丈夫。これからは、焼く前にちゃんと確認するように（⑦　　　　）わ。
A：いや、本当に香ばしくておいしいよ。
B：えぇ？…あ、ホントだ。全然甘くないけど、クラッカーみたいでおいしいわね。
A：どうやら（⑧　　　　）良い味になったみたいだね。
B：失敗したと思ったのに成功するなんて、まさに「人間万事 塞翁が馬」ね。
A：そうそう。（⑨　　　　）考えようよ。砂糖に仕上がりを（⑩　　　　）なんて、すごいじゃないか。

11 ストーカー 스토커

'스토커'라는 말이 일본 사회에 침투한 것은 1990년대 이후지만, 현재 스토커 사건은 우리와 가장 가까운 범죄사건의 하나가 되고 있습니다. 스토커 행위란 어떠한 것을 가리키는지, 그리고 스토커 사건의 피해자 혹은 가해자가 되지 않기 위해서 유의해야 할 점은 무엇인지 읽어 봅시다.

주요문형

~あまり(に) / ~極まる・~極まりない / ~であれ~であれ / ~たところで

　警察庁の統計によると、2009年のストーカー事件の発生数は約1万5千件で、これは2000年の「ストーカー規制法」の施行以来、最多の件数でした。ストーカー事件はますます身近な犯罪になっているのです。

　被害者の大半が20代と30代の女性であるということがストーカー事件の特徴の一つです。ストーカーと被害者との関係で最も多いのは「交際相手(元含む)」です。その他も、「配偶者(内縁・元含む)」や「友人・知人」、「勤務先同僚・職場関係者」など、ストーカーの多くは被害者の身近な人間です。犯人が顔見知りであるために事件を訴えにくく、被害者が泣きを見る場合も多いようです。

　では、具体的にはどのような行為がストーカー行為にあたるのでしょうか。ストーカー規制法によって規制の対象となるのは、「つきまとい等」と「ストーカー行為」の二つです。「つきまとい等」とは、つきまとい・待ちぶせ・押しかけや、面会・交際の要求といった迷惑行為を指し、それを同じ相手に対して繰り返し行うことが「ストーカー行為」と規定されています。

　ストーカー行為のほとんどは、被害者に対する恋愛感情に端を発するといわれています。好きな相手に想いが通じなかったとしても、相手に好きになってもらえるように努力し続ける、という人はいるでしょう。また、自分がこんなに想っているのだから、相手も自分の気持ちを理解してくれるはずだ、と考えることもあるかもしれません。相手を想うあまり、こうした一方的な感情が膨らんでいき、それが行きすぎると、ストーカーになってしまうケースがあるのです。言いかえれば、誰でもストーカー事件の被害者や加害者になりうるということです。

　しかし、しつこくつきまとったり、何度断られても連絡を取ろうとしたりす

るのは、たとえ自分はよかれと思ってしたことでも、相手にとっては不愉快極まりないことです。告白であれ贈り物であれ、相手を想っての行動であれば、何よりも受け取る相手の感情を考えてしかるべきでしょう。そうしないで一方的に自分の気持ちばかり押しつけるのは、迷惑以外の何物でもないのです。

　もしあなたがストーカー事件に巻き込まれたら、周りの人間や警察に相談することが大切です。あなたが一人で解決しようとしたところで、そうすることは難しいでしょう。自分の身を守ることを第一に考え、悩みや不安を一人で抱え込まないようにしましょう。

독해문제

1   ストーカー事件の特徴とは、どのようなことですか。
    → _____

2   ストーカー行為とは、どのようなことですか。
    → _____

3   恋愛感情が原因でストーカーになってしまうのはなぜですか。
    → _____

4   告白や贈り物をする時、気を付けなければならないのは、どのようなことですか。
    → _____

5   ストーカー事件に巻き込まれたら、どのように対処すべきですか。
    → _____

단어 및 표현

- 警察庁 경찰청
- 統計 통계
- ストーカー規制法 스토커 규제법
- 施行 시행
- 最多 최다
- 被害者 피해자
- 大半 과반, 대부분
- 配偶者 배우자
- 内縁 내연
- 勤務先 근무처
- 犯人 범인
- 顔見知り 안면이 있는 사람
- 訴える 소송하다, 고소하다
- 泣きを見る 몹시 괴롭고 불행한 꼴을 당하다
- ～にあたる ～에 해당되다
- つきまとい 늘 따라다님
- 待ちぶせ 숨어서 기다림
- 押しかけ 일방적으로 찾아감
- 規定する 규정하다
- 端を発する (계기가 되어) 시작되다
- 想いが通じる 마음이 통하다
- 膨らむ 부풀다
- 行きすぎる 도를 넘다, 지나치다
- 言いかえる 바꾸어 말하다
- 加害者 가해자
- ～うる ～할 수 있다
- しつこく 집요하게
- よかれと思って 잘 한다고 생각해서
- 不愉快 불쾌함
- ～てしかるべきだ ～해 마땅하다(당연하다)
- 押しつける 밀어붙이다
- 何物でもない 아무것도 아니다
- 巻き込まれる 휘말리다
- 抱え込む 껴안다, 떠맡다

문형연습

1 〜あまり(に)   〜한 나머지

감정이나 상태를 나타내는 말에 붙어 '상당히 〜해서'라는 의미를 나타내며, 그것 때문에 좋지 않은 결과가 되는 것을 말할 때 사용한다.

- 仕事に集中する**あまり**、妻の誕生日をすっかり忘れてしまっていた。
- 事故の知らせを聞いた時、彼女はショックの**あまり**、その場で泣き崩れてしまった。
- 子供の将来を心配する**あまりに**口を出しすぎて、子供の負担になる親が増えているという。

2 〜極まる・〜極まりない   너무 〜하다, 〜하기 짝이 없다

'그것 이상은 없을 정도로 상당히 〜하다'라는 의미를 나타낸다. 딱딱한 문어체적 표현이다.

- こんな夜中に先生の家に電話をかけるなんて、失礼**極まりない**。
- この山道は見た目より険しいので、女性が一人で歩くのは危険**極まりない**。
- 父の知り合いから丁重**極まる**挨拶を受けたが、なんと返したら良いのか分からなかった。

단어 및 표현

- □ 泣き崩れる 쓰러져 울다
- □ 夜中 한밤중
- □ 険しい 가파르다, 험하다
- □ 口を出す 말참견을 하다
- □ 山道 산길
- □ 知り合い 아는 사람, 지인
- □ 負担 부담
- □ 見た目 겉보기, 외관
- □ 丁重 정중함

11 ストーカー 스토커

❸ 〜であれ〜であれ　　　〜이든 〜이든

'A든 B든 두 경우 모두'라는 의미이다. 「〜であろうと、〜であろうと」와 같다.

- 豚肉であれ牛肉であれ、肉なら何でも好きだ。
- お腹の中の子が男であれ、女であれ、とにかく健康で産まれてきてほしい。
- 国籍の問題ではありません。日本人であれ外国人であれ、自動車の免許を持っていない人は対象外です。

❹ 〜たところで　　　〜해 보았자

'가령 〜했다고 해도, 기대하는 결과로는 되지 않는다'라는 말하는 사람의 판단을 말할 때 사용한다.

- 私がいくら頑張ったところで、姉にはかなわないことは分かっている。
- 今さらダイエットしたところで、来週海に行く日までには大してやせないだろう。
- 仕事が終わってから急いで行ったところで、もうパーティーは終わっているはずだ。

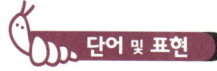

- ☐ 豚肉 돼지고기
- ☐ 牛肉 소고기
- ☐ 産まれる 태어나다
- ☐ 対象外 대상외
- ☐ かなわない 이길 수 없다, 못 당하다
- ☐ 大して 그리, 별로

연습문제

❶ 文型

1 　　　　　の中の言葉を入れて文を完成させなさい。

　　　　あまり　　極まりない　　であれ　　ところで

❶ 相手を想う（　　　　　）、その気持ちが行きすぎてストーカーになってしまうことがあります。

❷ ストーカーに直接迷惑だと言った（　　　　　）、おそらく話を聞き入れないでしょう。

❸ 自分の気持ちを一方的に押しつけるのは、相手にとっては不愉快（　　　　　）ことです。

❹ 恋人（　　　　　）夫婦（　　　　　）、誰でもストーカー事件の被害者や加害者になりうるのです。

2 　　　　　の中の言葉と（　　）の言葉を使って、文を完成させなさい。

　　　～あまり　　～極まりない　　～であれ　　～たところで

❶ それが（本当・嘘→　　　　　　　　　　　）、先生の話は私に大きなショックを与えた。

❷ 私が働くカフェには、毎日何時間も店に居続ける（迷惑→　　　　　　　　）客がいる。

❸ 彼のコンサートを見て、一部のファンは（興奮→　　　　　　　　）倒れてしまった。

❹ あなたがどれほど必死に（止める→　　　　　　　　）、彼女は退職する意志を曲げないだろう。

❷ 言葉の使い方

1 ▭ の中の言葉を一つ選んで、適当な形にして _____ に書きなさい。

❶ 偶然その店にいたせいで、知り合いの夫婦喧嘩に_____しまった。

❷ エサでも欲しいのか、先ほどからずっとのら猫が私の足元に_____いる。

❸ 弁護士の友人によると、セクハラで上司を_____たいという相談が増えているという。

❹ ストレスを_____ことは体にも良くないので、たまには気分転換も必要です。

❺ 面倒臭いからといって努力しないと、あとで_____のは君自身だよ。

　　抱え込む　規定する　訴える　つきまとう　泣きを見る　巻き込む

2 次の言葉を使って短文を作りなさい。

❶ 새로운 법률의 시행에 따라 음주운전에 대한 벌칙이 엄벌화되었습니다.
（施行、罰則、厳罰化）

→ _____

❷ 용의자는 건물에서 나오자마자 잠복해서 기다리고 있었던 형사들에 의해 체포되었습니다.（容疑者、待ちぶせる、逮捕する）

→ _____

❸ 그는 그 정도의 성과를 냈으므로 보수를 받아 마땅합니다.（成果、報酬、しかるべきだ）

→ _____

❹ 피해자가 저항한 흔적이 없는 것으로 보아, 이 사건은 안면이 있는 사람의 범행이라고 보여지고 있습니다.（抵抗する、痕跡、顔見知り）

→ _____

다음은 본문과 관련된 회화입니다. 들으면서 빈칸을 채우세요.

B：相談があるんだけど…最近、ある人が家の周りをよくウロウロしてて、帰宅時間になると私のアパートの前で（①　　　　）してるの。

A：え！それって、ストーカーじゃん！

B：やっぱり？でも実はその人って、私が前に付き合ってた人なんだ。

A：ストーカーのほとんどは（②　　　　）であることが多いって、ニュースでやってたよ。とにかく、一度警察に相談に行こう。

B：でも、別れる時に（③　　　　）振った私にも責任があるような気がするし。彼のことを（④　　　　）なんて、できないよ。

A：このまま（⑤　　　　）つもり？いくら（⑥　　　　）な人間だからって、犯罪に変わりはないんだよ。

B：それは分かってるんだけど…。

A：このまま（⑦　　　　）な思いをしながら、不安な生活を続けるより何か対応を取って（⑧　　　　）だと思うけど。

B：うん、そうだよね。

A：じゃあ、今から警察に行こうよ。僕も一緒に行ってあげるから。

B：ありがとう。なんだか、面倒なことに（⑨　　　　）、ごめんね。

A：ううん。まぁ、相手への想いがどんどん（⑩　　　　）しまう気持ちは、僕にも分かるから。

⑫ 東日本大震災
ひがし に ほん だい しん さい
동일본 대지진

2011년 3월 11일, 과거 최대급이라 일컬어지는 지진이 일본열도를 덮쳤습니다. 지진뿐만 아니라 쓰나미와 여진, 원자력발전소 사고에 의해 야기된 피해도 막대했습니다. 동일본 대지진이라 불리는 이 큰 재해는 사람들에게 어떠한 영향을 주었을까요?

주요문형

〜に至る / 〜ですら / 〜てからというもの(は) / 〜なり

본문

　2011年3月11日14時46分、日本の東北部を中心に強い揺れが起きました。地震の規模は*マグニチュード9.0で、これは日本での観測史上最大のものでした。地震によって発生した10メートル以上もの大津波は人や車、家、建物など、すべてを押し流していきました。

　被害は広がり、約2万人の死者・行方不明者を出すに至りました。1995年に起きた阪神・淡路大震災ですら、死者が6000人あまりだったことを考えると、この震災がどれだけ大きかったかが分かるでしょう。政府の発表によると、被害額はおよそ16兆9000億円といわれています。間違いなく、これは日本にとって過去最大にして最悪の災害です。

　地震が起きてからというもの、人々は長い間、不安にさらされてきました。地震と津波で被害を受けた福島県の原子力発電所（原発）から放射性物質が漏れ出すという重大な事故が起こったのです。さらに、他の発電所も被害を受けたことで、東北部や関東地方は深刻な電力不足に悩まされました。そのため、地域をいくつかのグループに分け、時間ごとに停電になる計画停電（輪番停電）が実施されることになりました。人々は積極的に節電を呼びかけ、計画停電は短期間で済みましたが、発電所の電力供給が安定しない限り、今後も電力不足は続く恐れがあります。

　震災後、被災地の食料や燃料が底を突きそうであることが報道されるなり、日本国内はもちろん、海外からも多くの支援が届きました。救助隊の派遣や救援物資だけでなく、インターネットやメディアを通じた応援の声も人々を元気づけました。募金やボランティア活動など、今も様々な形で被災地への支援が続けられています。

多くの命を奪った大災害による人々の心の傷は大きなものでした。それでも、人々は力を合わせ、日常を取り戻すために努力しています。電力不足、原発事故、被災地の復興など、日本に残された課題は大変なものです。特に、今回の震災で、原子力発電のリスクや危険性が改めて浮き彫りになりました。二度と同じような事故を繰り返すことのないよう、政府は手を打つ必要があるでしょう。そうして、一刻も早く日本に平和な日々が戻ることを祈ります。

＊マグニチュード：大きさの意味で、地震の全体としての規模を表す数値。

독해문제

1　2011年3月11日に起きた地震とは、どのようなものでしたか。
　→ _____

2　東日本大震災での被害はどのようなものでしたか。
　→ _____

3　この地震によって引き起こされた原発事故とはどのようなものでしたか。
　→ _____

4　被災地への支援には、どのようなものがありますか。
　→ _____

5　原子力発電のリスクや危険性に対し、政府はどうするべきですか。
　→ _____

단어 및 표현

- 揺れ 요동, 흔들림
- 大津波 대형 쓰나미(해일)
- 行方不明者 행방불명자
- 被害額 피해액
- 原子力発電所(原発) 원자력발전소
- 電力不足 전력부족
- 輪番 윤번(돌아가며 차례로 번을 섬)
- 呼びかける 호소하다
- 燃料 연료
- 派遣 파견
- 募金 모금
- 浮き彫りになる 부각되다

- 規模 규모
- 押し流す 떠내려가게 하다
- 大震災 대지진
- およそ 대강, 대략
- 放射性物質 방사성 물질
- 悩まされる 시달리다
- 実施する 실시하다
- 済む 끝나다, 마치다
- 底を突く 저장해 둔 것이 바닥이 나다
- 救援物資 구조물자
- 命を奪う 목숨을 빼앗다
- 手を打つ 조치를 취하다, 수단을 강구하다

- 観測 관측
- 死者 사망자
- ～あまり ～남짓
- さらす 위험한 상태에 두다, 처하다
- 漏れ出す 누출되다, 새어 나오다
- 停電 정전
- 節電 절전
- 供給 공급
- 救助隊 구조대
- 元気づける 기운을 복돋우다
- 取り戻す 되찾다, 회복하다
- 一刻も早く 한시라도 빨리

문형연습

1 〜に至る
~에 이르다

행동이나 변화의 결과, 어떤 상황이나 사태에 도달한 것을 나타낸다. 「〜になる」보다 딱딱한 문어체적 표현이다.

- さんざん悩んだあげく、仕事を辞めるべきだという結論に至った。
- 二人は何度も話し合いを重ねた結果、ついに離婚するに至った。
- あの大企業が倒産するに至って、ようやく不況の深刻さに気付いた。

2 〜ですら
~조차

어떤 예를 들고 '그것조차 이러하므로 다른 것도 마찬가지다'라는 의미를 나타내며, 명사 뒤에 붙는다. 「〜でさえ」보다 딱딱한 문어체적 표현이다.

- この問題は難しすぎて、学年一の秀才の三浦さんですら解けなかった。
- 電車やバスの中で騒いではいけないことは、子供ですら知っている。
- 本人ですら決めるのが難しい将来の進路を、他の人に決めてもらおうなんて、無理なことだ。

단어 및 표현

- さんざん 몹시, 실컷
- 〜たあげく ~한 끝에
- 重ねる 거듭하다
- 倒産する 도산하다
- 不況 불황
- 秀才 수재
- 解く 답을 내다, 풀다
- 騒ぐ 떠들다
- 進路 진로

❸ 〜てからというもの(は)

〜하고 나서는 (계속)

그 사건이 계기가 되어, 뭔가 커다란 변화가 일어난 것을 나타낼 때 사용한다. 문어체적 표현이다.

- 以前は怒りっぽいと言われていた彼ですが、子供が産まれてからというもの、すっかり優しくなりました。
- テニス部を辞めてからというもの、見る見るうちに太り、体重が10キロも増えてしまった。
- 優秀な川上さんが営業部に来てからというもの、業績は上がっていく一方だ。

❹ 〜なり

〜하자마자

동작을 나타내는 동사에 붙어, 그 동작 직후에 뭔가 예상할 수 없는 일이 일어난 경우에 사용한다.「〜たとたん(に)」「〜や否や」와 같은 의미이다.

- 彼女は朝目覚めるなり突然大声で泣き出した。
- そのウェブサイトにプロフィールを登録するなり、すぐに20通ものメールが届いた。
- 退院するなりすぐに出社した部長を見て、社員たちは驚いていた。

단어 및 표현

- 怒りっぽい 화를 잘 내다
- 優秀な 우수한
- プロフィール 프로필
- 見る見るうちに 순식간에, 금새
- 業績 업적, 실적
- 出社する 회사에 출근하다
- 体重 체중
- 目覚める 잠에서 깨다

연습문제

1 文型

1 ＿＿＿＿の中の言葉を入れて文を完成させなさい。

　　　　　至り　　すら　　からというもの　　なり

❶ 地震の専門家で（　　　　　）、このような大きな震災が起きるとは予想もしなかった。

❷ 東日本大震災が起きて（　　　　　）、日本各地でさまざまな問題が生じました。

❸ 震災の被害は広がり、過去最大の犠牲者を出すに（　　　　　）ました。

❹ 原子力発電所が止まる（　　　　　）電力が不足し、人々は節電を呼びかけました。

2 ＿＿＿＿の中の言葉と（　　）の言葉を使って、文を完成させなさい。

　　　　　～に至る　　～ですら　　～てからというもの　　～なり

❶ この病気は、大したことないと思って放っておくと、どんどん病気が進行し、（死→　　　　　）こともあるそうだ。

❷ 彼は昔の彼女の姿を（見つける→　　　　　）走って会場から出て行ってしまった。

❸ 父は毎晩飲んでいたお酒を（やめる→　　　　　）、やせて健康になった。

❹ （家族→　　　　　）一緒に生活するのは難しいと感じることがあるのに、他人と同居するのは大変だ。

❷ 言葉の使い方

1 _____ の中の言葉を一つ選んで、適当な形にして_____に書きなさい。

① 入院した友人を_____ため、お見舞いに行きました。

② 政府は少子化の問題に早く_____なければなりません。

③ 身近な問題に取り組むことも大切ですが、今後は地球_____での環境保護も考えるべきです。

④ 毎日遊び歩いているうち、とうとう預金が_____しまいました。

⑤ 価格を決定するため、需要と_____のバランスを知ることが必要です。

> 規模　　元気づける　　供給　　底を突く　　観測　　手を打つ

2 次の言葉を使って短文を作りなさい。

① 어머니는 계단에서 떨어졌습니다만, 가벼운 상처로 끝났습니다. (階段、済む)

→ _____

② 장시간 컴퓨터를 사용하기 때문에, 심각한 어깨 결림에 시달리고 있습니다.
(深刻な、肩こり、悩まされる)

→ _____

③ 자금이 바닥났기 때문에, 여행을 중단하지 않을 수 없었다. (資金、底を突く、中断する)

→ _____

④ 지금도 전세계에서 전쟁이 행하여지고 있어, 많은 사람들이 위험에 처해 있습니다.
(戦争、危険、さらす)

→ _____

다음은 본문과 관련된 회화입니다. 들으면서 빈칸을 채우세요.

A：昨日の地震、大丈夫だった？

B：すごい（①　　　）だったよね。突然だったから、ビックリしちゃった。

A：僕は、東日本大震災のことを思い出したよ。あの地震の（②　　　　）に比べたら、昨日の地震も軽いものに思えるけど…。

B：あの時は、（③　　　　）の被害もひどかったものね。

A：うん。沿岸部の街が飲み込まれていく様子が、今でも頭に浮かんでくるようだよ。

B：被災地のことが（④　　　　　）たび、信じられない思いだったわ。まさかこんなことが、って。

A：それに、忘れちゃいけないのが、原子力発電所の事故だね。

B：放射性物質が（⑤　　　）たり、電気が足りなくなったり、あの事故の影響はずっと続いているんだから、忘れることなんてできないわ。

A：地震に津波、（⑥　　　　）事故、電力不足、あの頃は毎日不安で仕方なかったな。

B：でも、被害を受けた人たちは今も不安に（⑦　　　　　）いるんだよね。

A：そうだよね。（⑧　　　　　）物資を送ったり、（⑨　　　　）をしたりすることも重要だけど、なによりも、人々が受けた心の傷を忘れないことが大切じゃないかな。

B：うん。被災地の人たちに（⑩　　　　　　）早く笑顔と平和な日々が戻るように、私たちも全力で支援を続けていこう。

 国際協力 こくさいきょうりょく 국제협력

아프리카, 라틴 아메리카, 아시아 등의 일부 국가들은 개발도상국이라 불리며 경제나 위생적인 측면에서 많은 문제를 안고 있습니다. 그 때문에 다른 나라는 그런 나라들을 지원하기 위해 여러 방면에서 국제협력을 하고 있습니다. 일본은 어떤 대응을 하고 있는지, 또 국제협력의 의의는 무엇인지 읽어 봅시다.

주요문형

〜に応じて・〜に応じた / 〜っぱなし / 〜にとどまらず / 〜以上

본문

　第二次世界大戦が終わってから、多くの国が飛躍的な経済発展を遂げてきました。しかしその一方で、内戦や他国との戦争などが原因で開発が遅れ、多くの問題を抱えている国もあります。

　日本は、こうした開発途上国に対して様々な国際協力を行っています。その一つが、2003年に設立された独立行政法人国際協力機構（Japan International Cooperation Agency、略称 JICA）です。JICAは、教育、医療、交通、経済など、多角的な視点から開発途上国の現状に応じた課題に取り組んでいます。

　その一例として、水資源問題への取り組みが挙げられます。開発途上国における病気の原因の8割は汚水にあるといわれており、生活の中で安全な飲料水を手に入れられない人の数は、世界中で約9億人にものぼります。国連は、2015年までにこうした人々の割合を半分に減らすことを目標に、安全な水の供給に力を入れています。

　日本は、給水施設の調査・設計・建設に継続的に取り組み、2004年から2008年までの間に48ヶ国、2800万人の人々に対して安全な飲料水の供給を可能にしました。しかし、施設を建てたものの、建てっぱなしで放置されては意味がありません。そこで、開発途上国の労働力に目をつけ、その施設を維持管理するための人材の育成も併せて行ってきたのです。それだけにとどまらず、日本で技術を学ぶ研修員を受け入れたり、専門家を現地に派遣したり、機材を供給したりと様々な形で開発途上国への技術協力が行われています。

　そんな日本もかつては、アメリカや世界銀行から資金援助を受けていた、いわゆる「被援助国」でした。それから高度経済成長を経て、先進国となり、他の国への援助をする立場になったのです。しかし、援助国だからといって大きな

顔をしていてはいけません。東日本大震災が起こった2011年には、日本は世界各国から300億円を超える援助金を受けたといわれています。余裕がある時は誰かを助けることができても、またいつ助けられる立場になるかは分からないのです。共に地球上に生きる仲間である以上、今後も国境を越えた助け合いが必要となるでしょう。

독해문제

1. 開発途上国とは、どのような国のことですか。
   → _____

2. JICAはどのような取り組みを行っていますか。
   → _____

3. 開発途上国における水資源問題の現状とは、どのようなものですか。
   → _____

4. 開発途上国の給水施設を維持管理するため、どのようなことを行ってきましたか。
   → _____

5. 「今後も国境を越えた助け合いが必要となる」とあるが、その理由は何ですか。
   → _____

단어 및 표현

- 飛躍的 비약적
- 抱える 안다, 떠안다
- 多角的 다각적
- 水資源 수자원
- 飲料水 음료수
- 力を入れる 힘을 쏟다
- 放置する 방치하다
- 人材 인재
- 機材 기재, 기계와 재료
- ～からといって ～라고 해서
- 助け合い 서로 도움

- 遂げる 이루다, 달성하다
- ～に対して ～에 대해, ～에게
- 視点 시점
- 挙げる (예 등을) 들다
- 手に入れる 손에 넣다, 입수하다
- 給水施設 급수시설
- 目をつける 주시하다, 노리다
- 育成 육성
- ～を経て ～을 거쳐
- 大きな顔をする 뻐기다, 젠체하다

- 内戦 내전
- 機構 기구
- 現状 현 상황
- 汚水 오수, 더러운 물
- 割合 비율
- 継続的 계속적
- 維持管理する 유지관리하다
- 併せて 아울러, 겸해서
- 先進国 선진국
- 国境を越える 국경을 초월하다

문형연습

1 ～に応じて・～に応じた　　～에 따라서, ～에 맞게·～에 따른, ～에 맞는

어떤 상황이나 세상일의 변화에 맞춰서 어떤 일을 결정하거나 어떤 일이 바뀐다는 의미를 나타낸다.

・子供の成長に応じておもちゃを選ぶことが重要です。
・このレストランのコースメニューでは、季節に応じたデザートを用意しています。
・台所は貸しますが、料理に使う食材や器具は、必要に応じて準備して来てください。

2 ～っぱなし　　～한 채임

'～한 채임'이라는 의미로, 해야 하는 일을 하지 않았다는 부정적인 평가에 사용되는 경우가 많다.

・今日は一日中仕事で立ちっぱなしだったので、足が棒になった。
・いつまでも荷物を出しっぱなしにしていると、捨ててしまうよ。早く片付けなさい。
・着た服を脱ぎっぱなしにしないで、きちんと洗濯機に入れてください。

 **단어 및 표현**

☐ 器具 기구　　☐ 足が棒になる 다리가 뻣뻣해지다　　☐ 片付ける 정리하다, 치우다

13 国際協力 국제협력

３ 〜にとどまらず　　　〜뿐만 아니라, 〜에 그치지 않고

'〜뿐만 아니라, 게다가'라는 의미로, 어떤 일이 특정 범위를 넘어서 보다 광범위하게 미치고, 그 뿐만 아니라 다른 것에도 그 영향이 미치는 것을 나타낸다.

- 大雪の被害は東京だけにとどまらず、関東地方一帯に及んだ。
- あのバンドの曲は、単なる歌謡曲にとどまらず、芸術の域に達しているといわれています。
- 彼の語学への興味は日本語にとどまらず、韓国や中国など、他の国々の言語にまで広がっていった。

４ 〜以上　　　〜한 이상

'〜한 상황이라면 당연히 …이다'라는 의미를 나타낸다. 뒤에는 「〜べきだ／〜つもりだ／〜はずだ／〜に違いない／〜てはいけない」와 같이 말하는 사람의 판단이나 결의, 권유 등의 표현이 따른다.

- 自分からやると言いだした以上、今さら諦めるわけにはいかない。
- 彼の卑怯な考えを知ってしまった以上、このまま黙っていることはできない。
- 国民の義務である以上、税金は払うべきだ。

 단어 및 표현

- ☐ 一帯 일대
- ☐ 単なる 단순한
- ☐ 芸術の域 예술의 경지
- ☐ 達する 이르다, 도달하다
- ☐ 今さら 이제 와서
- ☐ 卑怯な 비겁한

연습문제

1 文型

1 ＿＿＿の中の言葉を入れて文を完成させなさい。

　　　　応じた　　とどまらず　　っぱなし　　以上

❶ 給水施設を作るだけに（　　　　　）人材育成も同時に行ってきました。
❷ 施設が建て（　　　　　）になることなく、長い間活用されることを目指したものです。
❸ 同じ人間である（　　　　　）、互いに協力しあうことが必要でしょう。
❹ 日本は開発途上国の現状に（　　　　　）様々な課題に取り組んでいます。

2 ＿＿＿の中の言葉と（　）の言葉を使って、文を完成させなさい。

　　　～に応じた　　～にとどまらず　　～っぱなし　　～以上

❶ 彼はパソコンの電源を（つける→　　　　　）にして、家に帰ってしまった。
❷ 給料は固定制ではなく、（功績→　　　　　）報酬が与えられるそうです。
❸ ガソリンの値上がりは、（運輸業→　　　　　）、様々な分野に影響を与えている。
❹ 国の代表としてオリンピックに（出る→　　　　　）、良い成績を残したい。

❷ 言葉の使い方

1 ＿＿＿の中の言葉を一つ選んで、適当な形にして _____ に書きなさい。

❶ 日本から唐の国(中国)に_____人々のことを、遣唐使といいます。

❷ 彼女はアメリカ留学を目標に英語の勉強に_____います。

❸ 監督はその選手の才能に_____てレギュラーに採用しました。

❹ 一つの目標を_____満足するのではなく、また新たな目標を見つけて努力し続けることが必要です。

❺ 駅の周りに_____いた自転車が、ボランティアによって片付けられました。

　　力を入れる　　目をつける　　挙げる　　遂げる　　派遣する　　放置する

2 次の言葉を使って短文を作りなさい。

❶ 새로운 프로젝트의 성공에 의해, 회사의 이익은 비약적으로 증대했습니다.
（利益、飛躍的、増大）

　→ _____

❷ 긴 슬럼프의 시기를 거쳐, 그 작가는 3년 만에 새로운 작품을 발표했습니다.
（スランプ、〜を経て、発表する）

　→ _____

❸ 몇 가지 원인을 아울러 생각하니, 이 계획의 실패는 당연한 것이었다고 말할 수 있을 것입니다. （併せて、計画、当然）

　→ _____

❹ 주관적인 판단을 피하기 위해서 다각적인 시점에서 논의하는 것이 필요합니다.
（主観的、避ける、多角的、議論する）

　→ _____

다음은 본문과 관련된 회화입니다. 들으면서 빈칸을 채우세요.

A：今度、JICAの青年海外協力隊として外国に行くんだ。

B：JICAって？

A：開発途上国の（①　　　　　）に応じた課題に取り組んで、国際協力を行っている機関だよ。

B：具体的にはどんなことをするの？

A：例えば、安全な飲み水が手に入らない人のために、JICAは水の（②　　　　　）に力を入れているんだ。開発途上国の人々の病気は、ほとんどが（③　　　　　）が原因といわれているんだよ。

B：確かに水ってすごく大事なものよね。じゃあ、JICAは外国にたくさん水を送っているの？

A：日本から水をあげるだけじゃ、根本的な解決にはならないだろう？もっと多くの人が安全な水を利用できるようにするために、現地に（④　　　　　）施設を作っているんだよ。

B：なるほどね。

A：それに、その施設を管理するための人材育成も（⑤　　　　　）行っているんだ。

B：やったら（⑥　　　　　）、じゃなく、その効果がずっと続くように、色んな（⑦　　　　　）から支援をしているのね。

A：うん。もちろんJICAは他にも多くの協力事業を行っているんだよ。そんな国際協力の一員になれるなんて、素晴らしいことだろう？僕は自分を誇りに思うよ。

B：まだ何もしていないのに、（⑧　　　　　）をしないでよ。ボランティア活動、頑張ってね。

⑭ 異常気象 （いじょうきしょう） 이상 기상

요즘 뉴스에서 '이상 기상'이라는 말을 자주 듣습니다. 이상 기상에는 어떠한 것이 있는지 알고 있습니까? 그리고 이상 기상의 원인은 어떠한 것일까요?

주요문형

~かのように / ~とはいうものの / ~ないことには / ~ずにはすまない

본문

　皆さんは、エルニーニョやラニーニャという言葉を聞いたことがありますか。東太平洋の赤道付近からペルー沿岸にかけての海水の温度が上昇する現象をエルニーニョと呼びます。ラニーニャは逆に、その地域の海水の温度が平年よりも低くなる現象のことです。エルニーニョが発生すると、大気の流れが変化し、日本では冷夏、暖冬になります。反対に、ラニーニャの場合は猛暑、寒冬になるのです。また、他の国々も干ばつや豪雨、台風などに見舞われることがあります。このように、エルニーニョやラニーニャは、様々な異常気象を引き起こします。

　近年、ニュースで「異常気象」という言葉を聞く機会が多くなりました。世界中で異常気象が増えたのは地球温暖化が原因だと考える人が多いでしょう。実際、工業化や文明化が急速に進んだ20世紀後半から、異常気象の原因はすべて地球温暖化にあるかのようにいわれてきました。しかし、温暖化が異常気象に影響しているとはいうものの、それがどの程度関連しているのかについては、まだ明らかにされていません。例えば、世界中が激しい寒気に見舞われたり、オーストラリアで干ばつが起きたりするのは、100年周期で見られる現象ですが、これには太陽活動のサイクルが関連しているそうです。また、海水面が高くなるというのも、何万年も前から起こっていた現象であり、近年に限ったことではありません。

　しかし、人間の社会活動が原因で異常気象が引き起こされる場合もあります。その例が、ヒートアイランド現象です。これは、郊外に比べて、都市部の気温が高くなる現象のことです。その原因は、都市部には住宅や工場、生活している人間の数が多いため、発生する熱が多いだけでなく、土地開発のためにアス

ファルトで舗装された地面がその熱を溜めこんでしまうことです。気温が上がると、大気のバランスが崩れ、局地的な集中豪雨などが起きることがあります。また、人間は都市や道路の開発のために広い範囲にわたって森林破壊を行ってきました。森林は、地球温暖化の原因となる二酸化炭素を吸収したり、洪水や土砂崩れを防いだりする役目を果たしています。その森林破壊をやめないことには、今後も地球温暖化が進行するだけでなく、異常気象による被害が拡大することにもつながっていくでしょう。大切な地球を守り、自然と共存していくためには、やはり私たち人間が環境問題に取り組まずにはすまないのです。

독해문제

1. エルニーニョ現象とはどのようなものですか。
   → _____

2. エルニーニョやラニーニャが発生すると、どのような影響がありますか。
   → _____

3. 地球温暖化はどの程度異常気象に影響していますか。
   → _____

4. ヒートアイランド現象の原因は何ですか。
   → _____

5. 森林破壊が、異常気象の被害を拡大させることにつながるのはなぜですか。
   → _____

단어 및 표현

- エルニーニョ 엘니뇨
- 沿岸 연안
- 大気 대기
- 猛暑 혹서
- 豪雨 호우
- 引き起こす 일으키다
- 関連する 관련되다
- ヒートアイランド現象 열섬 현상
- アスファルト 아스팔트
- 崩れる 무너지다, 붕괴되다
- 森林破壊 산림파괴
- 洪水 홍수
- 役目を果たす 역할을 다하다

- ラニーニャ 라니냐
- 上昇する 상승하다
- 冷夏 평년보다 기온이 낮은 여름
- 寒冬 평년에 비해 기온이 낮은 겨울
- ～に見舞われる ～의 엄습을 받다, ～이 닥치다
- 地球温暖化 지구온난화
- 寒気 추위
- 郊外 교외
- 舗装する 포장하다
- 局地的 국지적
- 二酸化炭素 이산화탄소
- 土砂崩れ 산사태
- 拡大する 확대하다

- 赤道 적도
- 平年 평년
- 暖冬 춥지 않은 겨울
- 干ばつ 가뭄
- 急速に 급속하게
- 周期 주기
- 発生する 발생하다
- 溜めこむ 꾸준히 모으다
- 集中豪雨 집중호우
- 吸収する 흡수하다
- 防ぐ 방지하다
- 共存 공존(きょうそん으로도 읽음)

문형연습

1. ～かのように　　　(마치) ~인 듯이

'마치 ~인 듯이'라고 뭔가를 예를 들어 말할 때 사용한다.

- あの二人は今会ったばかりなのに、昔から互いを知っている**かのように**、親しげに話している。
- 失恋したばかりでまだ辛いだろうに、黒田さんは何事もなかった**かのように**明るく振る舞っている。
- 去年まで同じクラスにいたのに、彼は私のことなど忘れた**かのように**、私を無視した。

2. ～とはいうものの　　　~이기는 하지만

「~」라는 것은 인정하지만, 실제로는 그 일에서 상상되거나 기대되는 것 그대로는 되지 않는다고 할 때 사용한다.

- 希望の会社に入社した**とはいうものの**、毎日忙しすぎて、生活が楽しくない。
- 車の免許を取った**とはいうものの**、いつも父が車で出勤してしまうので、運転する機会がほとんどない。
- できるだけ頑張った**とはいうものの**、試験に合格する自信はあまりありません。

단어 및 표현

- □ 親しげに 친한 듯이
- □ 振る舞う 행동하다
- □ 失恋 실연
- □ 免許を取る 면허를 따다
- □ 何事もない 아무 일도 없다

14 異常気象 이상 기상

3 〜ないことには

〜하지 않고서는

'〜하지 않으면 …할 수 없다'라고 할 때 사용한다. 뒤에는 부정의 의미를 가진 문장이 온다.

- 彼女の意見を聞いてみ**ないことには**、私だけでは決められません。
- 一度行ってみ**ないことには**、どんな場所か想像もできません。
- 難しいとは分かっていても、挑戦してみ**ないことには**何も始まらない。

4 〜ずにはすまない

〜하지 않을 수 없다

상황이나 입장을 생각하면 '반드시 〜하지 않으면 안 된다. 〜하지 않으면 용서받지 못한다'라고 할 때 사용한다.

- あれだけの問題を起こしたのだから、社長は辞職**せずにはすまない**だろう。
- 彼には、日本にいる間、色々助けてもらったので、帰る前に一言お礼を言**わずにはすみません**。
- 子供たちが期待して待っているのだから、忙しいからといって、行**かずにはすまない**。

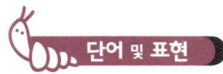 **단어 및 표현**

- □ 想像 상상
- □ 挑戦する 도전하다
- □ 辞職する 사직하다
- □ お礼を言う 감사의 인사를 하다

연습문제

1 文型

1 ＿＿＿ の中の言葉を入れて文を完成させなさい。

　　　かのように　　とはいうものの　　ことには　　すまない

① 20世紀後半から、異常気象の原因はすべて地球温暖化にある（　　　　　）いわれてきました。

② 自然と共存していくためには、私たちが環境問題に取り組まずには（　　　　　）のです。

③ 温暖化が異常気象に影響している（　　　　　）、どの程度関連しているかは不明です。

④ 森林破壊をやめない（　　　　　）、今後も地球温暖化が進行していくでしょう。

2 ＿＿＿ の中の言葉と（　　）の言葉を使って、文を完成させなさい。

　　　～かのように　～とはいうものの　～ないことには　～ずにはすまない

① 君もあの場に一緒にいたのだから、責任を（問われる→　　　　　　　）。

② （調べてみる→　　　　　　　　）、実行が可能かどうか判断しかねます。

③ ウェディングドレスを着た彼女は、まるで（輝いている→　　　　　）きれいだった。

④ 景気が（回復している→　　　　　　　）、まだ庶民の生活には表れていない。

❷ 言葉の使い方

1 ☐ の中の言葉を一つ選んで、適当な形にして ＿＿＿ に書きなさい。

❶ 経済の発展とともに、物価が急激に＿＿＿＿。

❷ 今日の授業の内容に＿＿＿＿レポートを書いて、来週までに提出しなさい。

❸ 現在、日本経済は大不況に＿＿＿＿います。

❹ 弟は部屋の中にいらない物まで＿＿＿＿いるため、どこに何があるか分からない。

❺ 無理なダイエットは、病気を＿＿＿＿原因になることがある。

見舞われる　上昇する　溜めこむ　崩れる　関連する　引き起こす

2 次の言葉を使って短文を作りなさい。

❶ 히트 아일랜드 현상에 의해 호우가 닥쳤습니다.
（ヒートアイランド現象、豪雨、見舞われる）

　→ ＿＿＿＿＿＿＿＿＿＿＿＿＿＿＿＿＿＿＿＿＿＿＿＿＿

❷ 이 지역은 삼림파괴가 행하여졌기 때문에, 이전보다 산사태가 일어나기 쉬워졌습니다.
（森林破壊、土砂崩れ）

　→ ＿＿＿＿＿＿＿＿＿＿＿＿＿＿＿＿＿＿＿＿＿＿＿＿＿

❸ 올해는 냉하인 데다가, 일본 각지에서 홍수가 발생하고 있다.（冷夏、洪水、発生する）

　→ ＿＿＿＿＿＿＿＿＿＿＿＿＿＿＿＿＿＿＿＿＿＿＿＿＿

❹ 삼림은 이산화탄소를 흡수하고, 공기를 깨끗하게 하는 책임을 다하고 있습니다.
（二酸化炭素、吸収する、役目を果たす）

　→ ＿＿＿＿＿＿＿＿＿＿＿＿＿＿＿＿＿＿＿＿＿＿＿＿＿

다음은 본문과 관련된 회화입니다. 들으면서 빈칸을 채우세요.

B：もう夏なのに、ずいぶん涼しいわよね。

A：今年は（① 　　　　）だから、お米が足りなくなるかもって心配されているらしいよ。

B：そうなんだぁ。最近雨が多いし、新潟の方でも（② 　　　　）が続いていたもんね。

A：農家の人は大変だよな。生活が天候に左右されちゃうから。

B：そうね。去年は（③ 　　　　）だったのに、今年はこんなに気温が低くなるなんて、予想もつかないし。

A：先月は、アメリカの方でも大雨で（④ 　　　　）になっていたよね。

B：うん。多くの人が避難していたわよね。（⑤ 　　　　）が進んだせいで、（⑥ 　　　　）が起きて、住宅地への被害が広がっているって聞いたわ。

A：反対にオーストラリアでは（⑦ 　　　　）が起こっているらしいし、最近、地球全体がおかしい気がする。

B：やっぱり（⑧ 　　　　）の影響なのかな。

A：それはあるだろうね。異常気象の被害が（⑨ 　　　　）のを（⑩ 　　　　）ためには、環境問題に取り組まなくちゃいけないと思うよ。

B：うん。地球を守っていくために、身近なことから始めることが必要ね。

⑮ 裁判員制度
さいばんいんせいど
재판원 제도

여러분은 재판을 보거나 재판에 참가한 적이 있습니까? 재판원 제도에 대해서 어떤 지식을 가지고 있습니까? 공평하고 공정한 재판은 어떻게 실현시킬 수 있을 지 생각해 봅시다.

주요문형

~べく / ~といえども / ~かたわら / ~かねない

본문

　皆さんは、裁判に対してどのようなイメージを持っていますか。日本では、裁判を身近で分かりやすくし、司法に対する国民の信頼を向上させるべく、2009年から裁判員制度が始まりました。裁判員制度とは、一般市民が「裁判員」となって刑事裁判に参加する制度です。くじによって選ばれた裁判員は本職の裁判官3人と共に話し合って、被告が有罪か無罪か、有罪だとすれば刑罰はどれくらいかを決めます。国民が裁判に参加することにより、市民が持つ日常感覚や常識を裁判に反映することができると考えられています。

　裁判員制度が始まってからしばらく経ちましたが、これまでに、いくつかの問題点も指摘されています。第一に、裁判員は選ばれたら必ず裁判所に行かなければならないという点です。内閣府が「裁判員に選ばれたら裁判所へ行くかどうか」を調査したところ、「行きたいと思う」と答えた人が13.6％、「義務だから、なるべく行かなければならないと思う」人が57.9％、「義務だとしても行くつもりはない」人が25.9％という結果になりました。裁判員は義務といえども、仕事のかたわら何日間も裁判所に行かなければならないのは、大きな負担となるのです。

　第二に、法律的な知識があまりない人々にとって、人を裁くということは荷が重く精神的にもプレッシャーになるということです。例えば、連続殺人事件の犯人に死刑判決を出すかどうかについて、裁判員は選択を迫られます。他人の生死を決めるというのは、誰でも気がひけることでしょう。また、暴力団と関わる事件では、恨みを買うことに恐怖を感じる人も多いようです。

　第三に、法律に詳しくない市民の意見が裁判に反映されても、公平で公正な判決が出せるのか、という点も指摘されています。裁判員は、法律のプロでは

ありませんから、テレビや雑誌などのメディア情報に影響されて、意見が変わってしまうことが考えられます。また、有罪でも無罪だと思い込んだり、逆に無罪なのに有罪と決めつけ、*冤罪の判決をしてしまったりする可能性もあります。つまり、どのような裁判員が裁判に参加するかで、判決が変わりかねないのです。

　皆さんは、このような裁判員制度について、どう考えますか。自分が選ばれたら、どう感じるでしょうか。今後はこのような問題点を検証し、制度の見直しをしていくことが期待されています。

＊冤罪：無実であるのに、犯罪者にされてしまうこと。

독해문제

1. 裁判員制度が開始された目的は何ですか。
   → _____

2. 裁判員制度とはどのような制度ですか。
   → _____

3. なぜ裁判員として裁判所に行くことが国民の負担になるのですか。
   → _____

4. 裁判員の精神的なプレッシャーには、どのようなことがありますか。
   → _____

5. なぜ公平で公正な判決が出せるのかという指摘があるのですか。
   → _____

단어 및 표현

- 裁判（さいばん） 재판
- 信頼（しんらい） 신뢰
- くじ 제비, 추첨
- 被告（ひこく） 피고
- 刑罰（けいばつ） 형벌
- 指摘する（してき） 지적하다
- 義務（ぎむ） 의무
- 荷が重い（に おも） 짐(책임)이 무겁다
- 迫られる（せま） 강요받다, 쫓기다
- 暴力団（ぼうりょくだん） 폭력단
- 恐怖（きょうふ） 공포
- 思い込む（おも こ） 굳게 믿다, 믿어 버리다

- 身近（みぢか） 가까움
- 向上する（こうじょう） 향상하다
- 本職（ほんしょく） 본직업, 본업
- 有罪（ゆうざい） 유죄
- 日常感覚（にちじょうかんかく） 일상(평소) 감각
- 内閣府（ないかくふ） 내각부
- 負担（ふたん） 부담
- 連続殺人事件（れんぞくさつじん じけん） 연쇄살인사건
- 生死（せいし） 생사
- 関わる（かか） 관계되다
- 公平（こうへい） 공평함
- 検証する（けんしょう） 검증하다

- 司法（しほう） 사법
- 刑事裁判（けいじさいばん） 형사재판
- 裁判官（さいばんかん） 재판관
- 無罪（むざい） 무죄
- 反映する（はんえい） 반영하다
- ~たところ ~했더니
- 裁く（さば） 심판하다, 재판하다
- 死刑判決（しけいはんけつ） 사형 판결
- 気がひける（き） 마음이 내키지 않다
- 恨みを買う（うら か） 원한을 사다
- 公正（こうせい） 공정함

문형연습

1 ～べく
~하기 위해서

어떤 목적을 가지고 '~하려고 생각해서 그렇게 했다'고 말할 때 사용한다. 뒤에는 명령이나 의뢰를 나타내는 문장은 올 수 없다. する는 するべく・すべく 모두 가능하다.

・明日までにこの資料を課長に提出する**べく**、今夜は遅くまで残業をした。
・マンション建設に対する市民の同意を得る**べく**、週末に説明会を開いた。
・先月の売り上げを報告す**べく**、プロジェクトのメンバーにメールを送った。

2 ～といえども
~라고 해도, ~라 할지라도

극단적인 입장의 사람이나 사물을 거론하여「~」에서 받는 인상에 반하는 것을 말할 때 사용한다.「~といえども」는「~であっても」「~といっても」와 같은 의미지만 더 딱딱한 표현이다.

・母親**といえども**、子供のことをすべて分かっているわけではない。
・この寮は、午後11時以降は外出禁止**といえども**、年末年始は別だ。
・いくら恋人**といえども**、毎日朝から晩まで一緒にいたら疲れる。

단어 및 표현

- □ 残業 잔업, 야근
- □ 外出禁止 외출금지
- □ 同意を得る 동의를 얻다
- □ 年末年始 연말연시
- □ 寮 기숙사
- □ 別 제외, 문제 밖

3 〜かたわら　　　　　　　　　　　　　　　　〜하는 한편, 〜하면서

「〜」을 하는 한편으로 다른 일도 병행해서 한다고 할 때 사용한다. 「〜ながら」보다 장기적이고 습관적으로 행하는 일에 쓰며, 직업이나 입장에 대해서 말할 때도 자주 쓴다.

- 多田さんは出版社で働く**かたわら**、塾の講師もしています。
- あの人は会社に勤める**かたわら**、週末はDJとしても活躍している。
- 姉は研究を続ける**かたわら**、趣味のダンスにも熱心に打ち込んでいる。

4 〜かねない　　　　　　　　　　　　　　　　〜할지도 모른다

'〜라는 나쁜 결과가 될지도 모른다'라고 할 때 사용한다. 결과나 되어가는 추세를 걱정할 때 쓰는 표현이다.

- どんなに忙しくても、睡眠だけは取らないと、体を壊し**かねません**。
- こんな経営状態が明らかになったら、株主総会で大問題になり**かねない**。
- 石油ストーブをつけたまま寝たら、火事になり**かねない**。

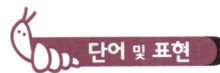

- 塾 학원
- 体を壊す 몸을 망치다
- 株主総会 주주총회
- 勤める 근무하다, 종사하다
- 経営状態 경영상태
- 石油ストーブ 석유난로
- 睡眠を取る 수면을 취하다
- 明らかになる 밝혀지다
- 火事になる 화재가 나다

연습문제

1 文型

1 ＿＿＿の中の言葉を入れて文を完成させなさい。

　　　べく　　といえども　　かたわら　　かねない

❶ 裁判を分かりやすくし、国民の信頼を向上させる（　　　　　）、裁判員制度が始まった。

❷ どのような裁判員が裁判に参加するかで、判決が変わり（　　　　　）。

❸ 裁判員は義務（　　　　　）何日間も裁判所に行くのは負担だ。

❹ 裁判員になると、仕事の（　　　　　）裁判に参加しなければならない。

2 ＿＿＿の中の言葉と（　）の言葉を使って、文を完成させなさい。

　　　〜べく　　〜といえども　　〜かたわら　　〜かねない

❶ そんな言い方をしたら、彼女は気分を（悪くする→　　　　　　）。

❷ 彼女は来年からイギリスに（留学する→　　　　　　）、勉強を始めました。

❸ 彼は宮田さんと（付き合う→　　　　　　）、別の女性とも頻繁にデートしている。

❹ 昨日、病院で母の顔を（見て来る→　　　　　　）、退院するまでは心配です。

❷ 言葉の使い方

1 ＿＿＿の中の言葉を一つ選んで、適当な形にして＿＿＿＿に書きなさい。

❶ どんな事件でも、法律の知識がないのに人を＿＿＿＿ことは難しい。

❷ 国民の意見が裁判にも＿＿＿＿ようになりました。

❸ 今朝、警察が事件の現場を＿＿＿＿ました。

❹ 会社の未来のために何を優先すべきか、難しい判断を＿＿＿＿ました。

❺ 会議は明日の午後だと＿＿＿＿いたので、資料はまだ準備できていません。

　　　思いこむ　迫る　検証する　裁く　反映する　向上する

2 次の言葉を使って短文を作りなさい。

❶ 사법은 국민에게 있어 그다지 가깝지 않습니다. （司法、身近）

　→ ＿＿＿＿＿＿＿＿＿＿＿＿＿＿＿＿＿＿＿＿＿＿＿＿＿

❷ 재판원은 일반시민으로부터 뽑혀서 형사재판에 참가합니다.
　（裁判員、一般市民、刑事裁判）

　→ ＿＿＿＿＿＿＿＿＿＿＿＿＿＿＿＿＿＿＿＿＿＿＿＿＿

❸ 공정한 재판을 하는 것으로 국민으로부터의 신뢰를 얻을 수 있습니다. （公正な、信頼）

　→ ＿＿＿＿＿＿＿＿＿＿＿＿＿＿＿＿＿＿＿＿＿＿＿＿＿

❹ 그는 무고한 죄로 10년 동안이나 형무소에 들어가 있었습니다. （冤罪、刑務所）

　→ ＿＿＿＿＿＿＿＿＿＿＿＿＿＿＿＿＿＿＿＿＿＿＿＿＿

다음은 본문과 관련된 회화입니다. 들으면서 빈칸을 채우세요.

A：裁判員制度が始まったけど、あれって、いまいちよく分からないよね。裁判員って、どうやって選んでいるのかな？

B：ああ、（①　　　　　）で選ばれるって新聞に書いてあったよ。誰でも選ばれる可能性があるってことだよね。僕のところにも連絡が来ないかな。

A：え？裁判員に選ばれたいの？私は行きたくないな。（②　　　　　）っていわれても、法律とか全然分からないし、どうやって判断したらいいのか…。

B：大丈夫だよ。ちゃんと本職の（③　　　　　）もいるんだから。自分の意見を判決に（④　　　　　）もらえるのってかっこよくない？正義の味方みたいで。

A：何言ってるの。どんな（⑤　　　　　）を受けるかによって、被告の人生は大きく左右されるんだから、責任重大なのよ。

B：分かっているよ。もちろん、真剣に考えるよ。

A：私は被害者やその家族の話を聞いたら感情的になっちゃいそうで、（⑥　　　　　）な判断ができるか分からないわ。

B：そうだね。それに死刑判決を出して人の生死を決めたりすると思うと、ちょっと（⑦　　　　　）よね。

A：うん。しかも、暴力団と関わったりしたら、後で（⑧　　　　　）かもしれないのもプレッシャーだな。

B：でも、裁判員制度のお陰で僕たち市民の（⑨　　　　　）が取り入れられたら、やっぱり裁判の質が（⑩　　　　　）と思うよ。

A：そうね。やっぱり国民の義務として参加するべきでしょうね。

 부록

- 독해문제 모범답
- 연습문제 정답
- 회화 괄호 넣기 정답

1 日本の国技

독해문제

1. 国が正式に国技として認めているものと、国民に深く親しまれているもの。
2. 丸い土俵の中で二人が組み合い、土俵の外に出たり、地面に体がついたりした方が負け。
3. 肉や魚、野菜など多くの食材を煮込んだ「ちゃんこ鍋」を食べた後、デザートに甘いものを大量に食べ、すぐに寝る。
4. 日本人に囲まれて生活しながら、日本語学習に精を出すから。
5. 強い上に礼儀も忘れず、日本を代表するスポーツに真面目に取り組んでいるから。

연습문제

❶ 문형

1. ① あろうと
   ② というと
   ③ いかんでは
   ④ あたって

2. ① 売り上げいかんでは
   ② 子供であろうと
   ③ 受けるにあたって
   ④ 映画監督というと

❷ 단어의 쓰임새

1. ① 含んで
   ② 腕を上げる
   ③ 定められて/定めて
   ④ 精を出す
   ⑤ 活躍して

2. ① 社会人としてふさわしい言葉づかいと行動をするように心がけなさい。
   ② 韓国料理というと、多くの人々は辛い料理を思い浮かべます。
   ③ 最近の子供たちは、幼い頃からインターネットに親しんでいます。
   ④ 話し合いを重ねた結果、次の大会の開催地が正式に決定されました。

회화

① 国技
② 思い浮かべる
③ 分がある
④ 戦略
⑤ 煮込んだ
⑥ 条件
⑦ 活躍して
⑧ 腕を上げて
⑨ ふさわしい
⑩ 品格

2 SNS

독해문제

1. 自分の日記や写真を公開したり、他の人と情報を共有したり、趣味が合う友人を探したりして、人とのつながりを深めていくこと。
2. その人がどんな人か、どんな生活を送っているのか、今何を考えているのか、といったプライベートな情報まで知ることができるため。
3. 個人情報の漏えいの危険性(があること)。
4. 会ったこともない相手だと知りつつも、サイトを通じてやりとりするうち、親しくなった気がして心を許してしまう、そうしたSNSの特徴や人間の心理を巧みに利用しているから。
5. 世界中に情報を公開するという危険性を知り、常識と責任感を持つこと。

연습문제

❶ 문형

1. ① ほかならない
   ② かかわらず
   ③ つつ
   ④ 契機に

2. ① 大小にかかわらず
   ② 結婚を契機に
   ③ 成果にほかならない
   ④ 言いつつ

❷ 단어의 쓰임새

1　① 詐称した
　　② 検索すれ
　　③ 深める
　　④ 増加して
　　⑤ 流出した

2　① 職員になりすまし会社に侵入した罪で、逮捕されました。
　　② 自分と同じ方言を話す人に会うと、親しみがわきます。
　　③ 人気司会者が突然引退したため、放送局は対応に追われています。
　　④ メールのやりとりを通じて、彼女に心を許すようになりました。

회화

① コミュニティ
② やりとり
③ つながり
④ 流出した
⑤ だまし取られ
⑥ 警告
⑦ ハッキング
⑧ 欠点
⑨ 検索する
⑩ 気がおけない

3　ソーシャルコマース

독해문제

1　SNSやブログなどのソーシャルメディアを利用して、商品やサービスの売り上げを伸ばすためのマーケティング手法。

2　かつてマーケティングは、情報を送り出す側が主導権を握るものだったが、ソーシャルコマースでの主役は消費者である。

3　2015年には300億ドルにまで成長することが予想されている。

4　共同購入で買ったチケットを店で利用した際、十分なサービスが受けられなかったり、サイトに不正な広告や評価が載せられたりすること。

5　割を食わないように目を養う必要がある。

연습문제

❶ 문형

1　① あるまいか
　　② 相違ない
　　③ あっての
　　④ とは

2　① ＫＹ語とは
　　② 社員あっての
　　③ 失敗するのではあるまいか
　　④ 息子に相違ない

❷ 단어의 쓰임새

1　① 目をつけて
　　② 水増し
　　③ 手に入らなかった
　　④ 目を養う
　　⑤ 誇張し

2　① この社長は、違法行為で厳重に処罰されました。
　　② 今度のプロジェクトの主導権を握っているのは、杉山課長だ。
　　③ あの会社は売り上げが急増し(て)、収益をあげたようだが、何か裏があるのかもしれません。
　　④ このボタンをクリックすると、取引が成立しますから、よく考えてから押してください。

회화

① お得だ
② 共同購入
③ 一定期間
④ 購入者
⑤ 口コミ
⑥ 割を食わない
⑦ 載せて
⑧ 消費者
⑨ 誇張されて
⑩ だまされたり

4 男性語と女性語

독해문제

1. 会議や面接など改まった場と、友人同士などくだけた場のように、場面や相手によって使い分けている。
2. 男性は「～ぜ」「～だろ」、女性は「～ね」「～わ」「～よ」といった表現を使うのが特徴。しかし、近年では、男女ともに「～だよ」「～だね」「～の」といった語尾表現が多く使われている。
3. 基本的に語気が強く、乱暴に聞こえるきらいがあるため、目上の人に対して使うと、失礼に思われる恐れがあるということ。
4. 昔の上流階級の女性たちが使っていた言葉の影響を受けているため。
5. （日本語には男性語と女性語の違いがあり）言葉づかいがその人のイメージを決定づけているから。

연습문제

❶ 문형

1. ① 上
   ② ならでは
   ③ こと
   ④ きらい

2. ① 彼女ならではの
   ② 愛することだ
   ③ 聞かないきらいがある
   ④ 知った上で

❷ 단어의 쓰임새

1. ① 到底
   ② 決定づけた
   ③ もっとも
   ④ 認識
   ⑤ くだけた

2. ① 式典などの改まった場では、言葉づかいや服装にも気をつける必要があります。
   ② 彼女は、人に対する態度が柔らかいので(柔らかくて)、取引先でも人気がある。
   ③ 話が抽象的でよく分かりませんので、具体的な例を挙げてください。
   ④ 彼の勝手なふるまいに、父は眉をひそめている。

회화

① 言葉づかい
② 乱暴な
③ くだけた
④ 眉をひそめられ
⑤ 改まった
⑥ 印象
⑦ 目上
⑧ 誰しも
⑨ もっとも
⑩ 到底

5 アニメと町おこし

독해문제

1. アニメやマンガの舞台を訪れることが、その作品のファンの間でブームになっているから。
2. 水木しげるさんの故郷である境港市には、130体以上の妖怪のブロンズ像を設置した「水木しげるロード」が1993年に整備された。
3. 「らき☆すた」に登場する鷲宮神社への観光客の誘致を積極的に行っている。
4. 「エヴァンゲリオン箱根補完マップ」を作成したり、町内のホテルに宿泊した客にアニメのグッズをプレゼントしたり、町内のコンビニエンスストアでのみ購入できるフィギュアを販売したり、スタンプラリーを行ったりしている。
5. テレビや本で見ていたアニメやマンガの世界が自分の目の前に広がっているのを見たら感動するし、同じ地域を訪れている他のファンたちとの交流も一体感が得られる魅力的な体験だから。

연습문제

❶ 문형

1. ① とあれば
   ② や否や
   ③ といったらない
   ④ 皮切りとして

2　① 見るや否や
　　② ひどいといったらない
　　③ 発覚を皮切りとして
　　④ 合わないとあれば

❷ 단어의 쓰임새
1　① 大反響
　　② 大々的に
　　③ あの手この手で
　　④ 品切れ
　　⑤ 先駆け

2　① 次々と新しい問題が発生して、社長は頭を抱えています。
　　② この町は、あの手この手でイベントを行い、町おこしに成功しました。
　　③ 広告を配布して、積極的に人々を呼び込もうと考えています。
　　④ 商店街では、お客様が便利で快適に買い物(ショッピング)ができる環境を作るよう(に)、取り組んでいます。

회화
① スタンプラリー
② 名所
③ 舞台
④ 町おこし
⑤ 足を運ぶ
⑥ 訪れる
⑦ 大々的に
⑧ 魅力的
⑨ 活性化
⑩ 一体感

6　フリーター

독해문제
1　自由を楽しみながら経済的に自立しようとする若者を指す言葉。

2　バブル経済崩壊後、企業はコスト削減のために給料の安い非正規社員を多く採用するようになったため、正社員になれずに、フリーターになるしかない人々が増えたから。

3　自分の夢を実現するまで一時的にフリーターになるという人もいるし、どんな仕事がしたいのかはっきり分からないため、とりあえずフリーターとして生活するという人もいる。

4　正社員に比べて給料が安く、雇用が不安定な上、技術職や専門職に就くのが難しいという点。

5　「毎日会社に行くのが面倒だ」、「仕事をする自信がない」、「親に養ってもらえばいい」などと考えているから。

연습문제

❶ 문형
1　① にもまして
　　② はさておき
　　③ を余儀なくされる
　　④ と相まって

2　① 産むかどうかはさておき
　　② 活躍と相まって
　　③ 生活を余儀なくされる
　　④ 英語力にもまして

❷ 단어의 쓰임새
1　① 板についた
　　② こなして
　　③ 心血を注いで
　　④ 中頃
　　⑤ 培って

2　① 世界的に不況が長引いて、就職が難しくなっています。
　　② 企業はコストを削減するために、正社員の数を減らすことにしました。
　　③ 与えられた業務をこなすだけの毎日はつまらないです。

④ 教育・雇用・職業訓練に参加していない若者をニートと呼びます。

회화

① 不況
② 叶える
③ 一時的に
④ 雇用
⑤ 採用
⑥ 正社員
⑦ 養わなくちゃ
⑧ 非正規
⑨ 業務
⑩ こなさなくちゃ

7 国際結婚

독해문제

1 2009年の結婚件数の10.8％が国際結婚で、毎年３万件以上の国際カップルが誕生している。

2 農村部の嫁不足を解決するために、政府が国際結婚を勧めたから。

3 単一民族国家としての意識が強かったため、外国人との多文化共生に慣れていないから。

4 離婚してしまうケースが韓国人同士のカップルよりはるかに多く、殺人事件にまで発展することがある。

5 韓国語教育、文化教育、子育て支援、相談窓口の設置など。

연습문제

❶ 문형

1 ① どころか
② をめぐる
③ 次第で
④ とはいえ

2 ① 服装や化粧次第で
② 禁酒するどころか
③ 20歳になったとはいえ
④ 将来をめぐる

❷ 단어의 쓰임새

1 ① 糸口
② 一方的に
③ 乗り越えて
④ 歩み寄って
⑤ 一丸となって

2 ① 外国での生活に適応するためには、現地の人々の支援が必要です。
② 多文化共生は、お互いの違いを認め合って歩み寄ることから始まります。
③ 近年は不景気で、仕事が見つからない若者が急増している。
④ 今月に入り、このような事態が何度もニュースで取り上げられています。

회화

① 件数
② 急増
③ 非婚化
④ 少子化
⑤ 勧めたり
⑥ 糸口
⑦ 支援
⑧ 自治体
⑨ 歩み寄って
⑩ 乗り越えられる

8 モンスターペアレント

독해문제

1 学校などに対して、自己中心的で理不尽な要求をする親。

2 教師を尊敬する気持ちが薄くなっている上に、「言ったもん勝ち」という風潮も強まっているため。

3 まるでヘリコプターに乗って上空から子供を見守り、何かあるとすぐに子供を救出しようとするような様子から付いた。

4 モンスターペアレントは、幼稚園や小学校などの初等教育の場に多く見られるが、ヘリコプターペアレント

は子供が大学生になっても、我が子の行動に口を挟まずにはいられず、就職試験にまで付き添うこと。

5 子供の入学試験に付き添ったり、大学の教師に子供の成績を上げるよう要求したりするなど、ヘリコプターペアレント化する傾向がある。

연습문제

❶ 문형

1　① といい
　　② ほしいものだ
　　③ がたい
　　④ にはいられない

2　① 話さずにはいられなかった
　　② 耐えがたい
　　③ 作ってほしいものだ
　　④ 話し方といい

❷ 단어의 쓰임새

1　① 制作される
　　② 口を挟み
　　③ 付き添って
　　④ がち
　　⑤ 棚に上げ

2　① 彼は、いつも自己中心的な行動を取って、チームの雰囲気を乱す傾向があります。
　　② 最近は、子供を甘やかすばかりでしつけに手を焼く親が多いです。
　　③ 彼女は不公平な待遇を受けて、会社を告訴した。
　　④ 消費者のクレームに対応するのは、大変なこと(仕事)です。

회화

① 理不尽な
② 権利
③ 主張する
④ 風潮
⑤ 我が子
⑥ 棚に上げて
⑦ 少子化
⑧ 損
⑨ 過保護
⑩ 子離れ

9 樋口一葉

독해문제

1 日本銀行が発行する紙幣に女性の肖像が採用されたのは、樋口一葉が初めてだったから。

2 父が亡くなり、生活が苦しくなったこと。(家計が火の車になったこと)

3 一枚の葉に乗って中国の長江を渡るダルマの絵にヒントを得て、「足」がないダルマと、貧乏で「お銭」がない自分をかけた。(うまくいかない自分の人生を、頼りなく漂う葉の船にたとえた)

4 かかったら最後、どんなに手を尽くしても治らないと恐れられていたから。

5 苦しい生活の中でも意志を曲げることなく、文筆活動に打ち込んだ彼女の才能と情熱が、人々の心を動かしているから。

연습문제

❶ 문형

1　① にも
　　② ことなく
　　③ 最後
　　④ ことか

2　① だらしないことか
　　② 見つかったら最後
　　③ 止まることなく
　　④ 始めようにも

❷ 단어의 쓰임새

1　① 淡い
　　② 短命
　　③ いまいち
　　④ 火の車
　　⑤ 由来

2　① 新しいスマートフォンが発表されるやいなや、人々の話題をさらいました。
　　② 海外で働いた経験を活かし、今後は国際協力に取り組んでいくつもりです。
　　③ 会議で先輩が提案した新しい商品のプランが採用されました。

④ 思春期の子供の心は、小さなことでも傷つきやすいものです。

회화

① 肖像
② 思い浮かばない
③ 淡い
④ かけて
⑤ 生涯
⑥ 亡くなった
⑦ 手を尽くしても
⑧ 才能
⑨ 悔やまれる
⑩ 思春期

10 ことわざ

독해문제

1 弘法大師と呼ばれた平安時代の僧。「三筆」の一人に挙げられるほどの押しも押されもせぬ書の名人。

2 書の名人である弘法大師(空海)が、天皇の命令で大内裏応天門の文字を書いた時、「応」の字の点を書き忘れてしまったことから。

3 その人の技術が優れていれば道具に左右されないという意味。

4 戦争が起こった時、健康な若者はみな兵士として戦争に行ったきり戻って来なかったが(戦死してしまったが)、塞翁の息子は足を痛めていたため、徴兵を免れて生き延びたから。

5 いつも笑顔でいる人たちには幸福がやって来るという意味。

연습문제

❶ 문형

1 ① ようと
② ことに
③ まい
④ きり

2 ① 降るまい
② 借りたきり

③ 空しいことに
④ 使おうと使うまいと

❷ 단어의 쓰임새

1 ① 免れ
② 優れた
③ 左右する
④ 心がけて
⑤ なぐさめられ

2 ① 日本で起きた地震の被害の大きさに人々は心を痛めています。
② デパートの洋服売り場で、思いがけず小学校の担任の先生と再会しました。
③ 本当の(真の)芸術家とは、周囲の批評に左右されないものです。
④ 彼は落馬して腕を骨折したため、徴兵を免れました。

회화

① 誤り
② 名人
③ 川流れ
④ 優れた
⑤ 得意な
⑥ なぐさめて
⑦ 心がける
⑧ 思いがけず
⑨ 前向きに
⑩ 左右されない

11 ストーカー

독해문제

1 被害者の大半が20代と30代の女性であること、ストーカーの多くが被害者の身近な人間であること。

2 つきまとい・待ちぶせ・押しかけや、面会・交際の要求といった「つきまとい等」の迷惑行為を同じ相手に対して繰り返し行うこと。

3 相手を想うあまり、一方的な感情が膨らんでいき、それが行きすぎてしまうから。

4 相手を想っての行動であれば、何よりも受け取る相手の感情を考えなくてはならないということ。(一方的に自分の気持ちばかり押しつけないこと)

5 自分の身を守ることを第一に考え、悩みや不安を一人で抱え込まないで、周りの人間や警察に相談する。

연습문제

❶ 문형

1　① あまり
　　② ところで
　　③ 極まりない
　　④ であれ、であれ

2　① 本当であれ嘘であれ
　　② 迷惑極まりない
　　③ 興奮のあまり(興奮するあまり)
　　④ 止めたところで

❷ 단어의 쓰임새

1　① 巻き込まれて
　　② つきまとって
　　③ 訴え
　　④ 抱え込む
　　⑤ 泣きを見る

2　① 新しい法律の施行により(施行によって)、飲酒運転に対する罰則が厳罰化されました。
　　② 容疑者は建物から出てきた途端(出て来るや否や)、待ちぶせていた刑事たちによって逮捕されました。
　　③ 彼はあれほどの成果を出したのだから、報酬を受け取ってしかるべきです。
　　④ 被害者が抵抗した痕跡がないことから、この事件は顔見知りの犯行と見られています。

회화

① 待ちぶせ
② 顔見知り
③ 一方的に
④ 訴える
⑤ 泣きを見る
⑥ 身近
⑦ 不愉快
⑧ しかるべき
⑨ 巻き込んじゃって
⑩ 膨らんで

12 東日本大震災

독해문제

1 日本の東北部を中心に起きた、マグニチュード9.0という日本観測史上最大の地震。

2 死者・行方不明者は約2万人で、被害額はおよそ16兆9000億円。

3 地震と津波で被害を受けた福島県の原子力発電所から放射性物質が漏れ出すという重大な事故。

4 救助隊の派遣、救援物資、インターネットやメディアを通じた応援の声、募金、ボランティア活動など。

5 二度と同じような事故を繰り返すことのないよう、手を打つ必要がある。

연습문제

❶ 문형

1　① すら
　　② からというもの
　　③ 至り
　　④ なり

2　① 死に至る
　　② 見つけるなり
　　③ やめてからというもの
　　④ 家族ですら

❷ 단어의 쓰임새

1　① 元気づける
　　② 手を打た
　　③ 規模
　　④ 底を突いて
　　⑤ 供給

2　① 母は階段から落ちましたが、軽いけがで済みました。
　　② 長時間パソコンを使うため(使うので)、深刻な肩こりに悩まされています。

③ 資金が底を突いたため(突いたので)、旅行を中断せざるをえなかった。
④ 今も世界中で戦争が行われていて(行われており)、多くの人が危険にさらされています。

회화

① 揺れ
② 規模
③ 津波
④ 報道される
⑤ 漏れ出し
⑥ 原発
⑦ さらされて
⑧ 救援
⑨ 募金
⑩ 一刻も

13 国際協力

독해문제

1 内戦や他国との戦争などが原因で開発が遅れ、多くの問題を抱えている国。

2 教育、医療、交通、経済など、多角的な視点から開発途上国の現状に応じた課題に取り組んでいる。

3 開発途上国における病気の原因の8割が汚水にあると言われており、生活の中で安全な飲料水を手に入れられない人の数は、世界中で約9億人にものぼる。

4 開発途上国の労働力に目をつけ、人材育成を行ってきた。

5 余裕がある時は誰かを助けることができても、またいつ助けられる立場になるかは分からないから。(共に地球上に生きる仲間だから)

연습문제

❶ 문형

1 ① とどまらず
  ② っぱなし
  ③ 以上
  ④ 応じた

2 ① つけっぱなし
  ② 功績に応じた
  ③ 運輸業にとどまらず
  ④ 出る以上

❷ 단어의 쓰임새

1 ① 派遣された
  ② 力を入れて
  ③ 目をつけ
  ④ 遂げて
  ⑤ 放置されて

2 ① 新しいプロジェクトの成功によって、会社の利益は飛躍的に増大しました。
  ② 長いスランプの時期を経て、その作家は3年ぶりに新たな作品を発表しました。
  ③ いくつかの原因を併せて考えると、この計画の失敗は当然のことだったと言えるでしょう。
  ④ 主観的な判断を避けるために、多角的な視点から議論することが必要です。

회화

① 現状
② 供給
③ 汚水
④ 給水
⑤ 併せて
⑥ やりっぱなし
⑦ 視点
⑧ 大きな顔

14 異常気象

독해문제

1 東太平洋の赤道付近からペルー沿岸にかけての海水の温度が上昇する現象。

2 エルニーニョが発生すると、大気の流れが変化し、日本では冷夏、暖冬になる。反対に、ラニーニャの場合は猛暑、寒冬になる。また、他の国々も干ばつや豪雨、台風などに見舞われることがある。

3 どの程度関連しているのかについては、まだ明らかにされていない。

4 都市部には住宅や工場、生活している人間の数が多いため、発生する熱が多いだけでなく、土地開発のためにアスファルトで舗装された地面がその熱を溜めこんでしまうこと。

5 森林は地球温暖化の原因となる二酸化炭素を吸収したり、洪水や土砂崩れを防いだりする役目を果たしているから。

연습문제

❶ 문형

1　① かのように
　　② すまない
　　③ とはいうものの
　　④ ことには

2　① 問われずにはすまない
　　② 調べてみないことには
　　③ 輝いているかのように
　　④ 回復しているとはいうものの

❷ 단어의 쓰임새

1　① 上昇した
　　② 関連した
　　③ 見舞われて
　　④ 溜めこんで
　　⑤ 引き起こす

2　① ヒートアイランド現象によって、豪雨に見舞われました。
　　② この地域は、森林破壊が行われたため、以前より土砂崩れが起きやすくなりました。
　　③ 今年は冷夏な上、日本各地で洪水が発生している。
　　④ 森林は二酸化炭素を吸収し、空気をきれいにする役目を果たしています。

회화

① 冷夏
② 豪雨
③ 猛暑
④ 洪水

⑤ 森林破壊
⑥ 土砂崩れ
⑦ 干ばつ
⑧ 地球温暖化
⑨ 拡大する
⑩ 防ぐ

15 裁判員制度

독해문제

1 裁判を身近で分かりやすくし、司法に対する国民の信頼を向上させるため。

2 一般市民が「裁判員」となって刑事裁判に参加する制度。

3 仕事のかたわら何日間も裁判所に行かなければならないから。

4 死刑判決を出すかどうかについて、選択を迫られることや、恨みを買うことに恐怖を感じること。

5 裁判員は、法律のプロではないので、どのような裁判員が裁判に参加するかで、判決が変わりかねないから。

연습문제

❶ 문형

1　① べく
　　② かねない
　　③ といえども
　　④ かたわら

2　① 悪くしかねない
　　② 留学す(る)べく
　　③ 付き合うかたわら
　　④ 見て来たといえども

❷ 단어의 쓰임새

1　① 裁く
　　② 反映される
　　③ 検証し
　　④ 迫られ
　　⑤ 思いこんで

2 ① 司法は国民にとってあまり身近ではありません。

② 裁判員は、一般市民から選ばれて、刑事裁判に参加します。

③ 公正な裁判をすることで、国民からの信頼が得られます(信頼を得ることができます)。

④ 彼は、冤罪で10年間も刑務所に入れられていました。

회화

① くじ
② 刑事裁判
③ 裁判官
④ 反映して
⑤ 刑罰
⑥ 公平
⑦ 気がひける
⑧ 恨みを買う
⑨ 日常感覚
⑩ 向上する

다락원 일본어 독해
- 중급 -

지은이 古賀万紀子・青木優子
펴낸이 정규도
펴낸곳 (주)다락원

초판 1쇄 발행 2012년 2월 22일
초판 9쇄 발행 2024년 8월 28일

책임편집 송화록, 김은경
디자인 구수정, 오연주

다락원 경기도 파주시 문발로 211
내용문의: (02)736-2031 내선 460~465
구입문의: (02)736-2031 내선 250~252
Fax: (02)732-2037
출판등록 1977년 9월 16일 제406-2008-000007호

Copyright © 2012, 古賀万紀子・青木優子

저자 및 출판사의 허락 없이 이 책의 일부 또는 전부를 무단 복제·전재·발췌할 수 없습니다. 구입 후 철회는 회사 내규에 부합하는 경우에 가능하므로 구입문의처에 문의하시기 바랍니다. 분실·파손 등에 따른 소비자 피해에 대해서는 공정거래위원회에서 고시한 소비자 분쟁 해결 기준에 따라 보상 가능합니다. 잘못된 책은 바꿔 드립니다.

ISBN 978-89-277-1055-4 18730
978-89-277-1053-0 (set)

http://www.darakwon.co.kr

- 다락원 홈페이지를 통해 인터넷 주문을 하시면 자세한 어학 정보와 함께 다양한 혜택을 받으실 수 있습니다.
- 독해 본문 및 회화 해석은 다락원 홈페이지 도서자료실에서 다운로드 받으실 수 있습니다.

MEMO

MEMO